U0808950

陕西师范大学“211工程”建设项目资助

跨语言文化研究

Cross-Linguistic & Cross-Cultural Studies

第十六辑

王启龙 刘全国 主编
曹 婷 副主编

中国社会科学出版社

图书在版编目(CIP)数据

跨语言文化研究．第16辑／王启龙，刘全国主编．—北京：中国社会科学出版社，2021.12

ISBN 978-7-5203-9535-9

Ⅰ.①跨…　Ⅱ.①王…②刘…　Ⅲ.①语言学—研究②世界文学—文学研究　Ⅳ.①H0②I106

中国版本图书馆CIP数据核字(2022)第012126号

出 版 人　赵剑英
责任编辑　宫京蕾
责任校对　王　龙
责任印制　郝美娜

出　　版　中国社会科学出版社
社　　址　北京鼓楼西大街甲158号
邮　　编　100720
网　　址　http://www.csspw.cn
发 行 部　010-84083685
门 市 部　010-84029450
经　　销　新华书店及其他书店

印刷装订　北京君升印刷有限公司
版　　次　2021年12月第1版
印　　次　2021年12月第1次印刷

开　　本　710×1000　1/16
印　　张　12.5
插　　页　2
字　　数　210千字
定　　价　88.00元

凡购买中国社会科学出版社图书，如有质量问题请与本社营销中心联系调换
电话：010-84083683
版权所有　侵权必究

主　编：王启龙　刘全国

副主编：曹　婷

编委会成员：（按姓氏拼音排序）

Bob Adamson　宁波诺丁汉大学

Lawrence Jun Zhang　新西兰奥克兰大学

曹　婷　陕西师范大学

李雪涛　北京外国语大学

李　艳　陕西师范大学

梁茂成　北京航空航天大学

刘全国　陕西师范大学外语教育研究中心

罗　林　北京语言大学

罗良功　华中师范大学

苗兴伟　北京师范大学

孟　霞　陕西师范大学俄语中心

潘　钧　北京大学

彭青龙　上海交通大学

冉永平　广东外语外贸大学

邵　璐　中山大学

孙　坚　陕西师范大学外国语学院

王和平　西安外国语大学

王启龙　陕西师范大学国外藏学研究中心

许　钧　浙江大学

杨金才　南京大学

张建华　北京外国语大学

张　韧　陕西师范大学语言与认知研究所

目　　录

特约论文

文学与文化

语言与文化

翻译与文化

文化与教学

语言与教学

特约论文

转型期的中国日语教学与研究

潘　钧*

摘　要：当前国内日语教学与研究遇到了不少亟待解决的瓶颈问题。本文对此做出了思考，从价值理性、主体取向、学科引领、扎根中国这四个方面进行了分析和阐述，指出要把握机遇、谋求改革，总方向是基于为国家建设服务的宗旨，突出日语教学与研究的主体性；为了实现此目标，必须加强学科的引领作用，提高人文素养与思辨能力。

关键词：转型期；日语教学；日语研究；主体性；学科引领

改革开放以来，特别是进入21世纪以来，我国的日语教学与研究取得了长足的进步和发展，成就有目共睹。但时至今天，随着国内外环境、形势乃至人才需求的变化，毋庸讳言，我们的日语教学与研究也遇到了挑战，出现诸多瓶颈问题，需要我们做理性的分析与思考。具体言之，为什么我们的本科生源不甚理想，为什么我们培养的人才不能满足或适应时代和社会发展的需要，为什么我们的日语研究原创性不够，在国内语言学界难以发出自己的声音？对此，我们必须做出自己的思考，即我们的日语教学与研究究竟需要做何调整？基于什么样的理念和思考进行调整乃至改革，以更加有效地服务于国家建设和学科发展的需要，等等。

笔者近几年来对此问题略有观察与思考。下面拟略陈己见，抛砖引玉，求教大方。下面主要从（1）价值理性；（2）主体取向；（3）学科引领；（4）扎根中国，这四个方面进行分析阐述。

一　价值理性

对日语专业本硕博毕业论文写作语言的要求，可能每个学校都有所不

* 作者简介：潘钧（1968—　），男，北京大学外国语学院日语系教授，博士生导师，主要研究方向为日语语言学、汉日对比语言学。

同。笔者所在的北京大学日语语言文化方向的本科论文一直要求用日语撰写，硕士语言学方向论文须用日语，博士语言学方向论文是汉、日语均可。其中，规定语言学博士学位论文可用汉语撰写，也是数年前才开始实施的，之前必须用日语撰写。允许用汉语习作，主要原因是利于优秀论文参加全国优秀博士学位论文的选拔。笔者认为，本科论文要求学生用日语写作，在现阶段有其合理性，可借此综合考察和检验学生的日语运用与写作能力，但硕、博学位论文用母语汉语撰写则更好，因为研究型论文用母语写作，更能发挥学生的母语思维优势，体现学位论文注重研究深度、力度的特性，而非简单考察学生对所学对象国语言的运用水平与技能。理由如下：

首先，汉语是我们的母语，包括笔者在内的大多数日语学生都是从18—19岁起开始学习日语，此时母语的影响已根深蒂固、难以磨灭，很难再学会所谓用日语思维的技能，因为随着年龄的增长，人的语言习得能力一般会逐年退化。来自母语的影响固然容易造成外语习得的负迁移，且负迁移迄今一直被定性为是负面的，但笔者认为，负迁移不全是坏事。恰如资中筠先生所说，中文是一种基本底蕴。“一个人的文化底蕴和思想深度与他的母语的程度有很大关系。”她母亲在她小时候坚决反对直接送她到国际学校，因为“她认为假如中文底子不打好的话，这个人的思想不会深刻，洋文再流利，毕竟还是中国人。外文以后可以补，中文错过了就补不回来了”。这个底子促成了她的文化底蕴或可称之为底色，一生难以改变。季羡林先生曾说过，外语人有两个弱项，一个是理论水平不高，一个是汉语水平较弱。笔者以为，前者很大程度上也是由后者所致，因为汉语水平不高，思维就不可能深刻。20世纪上半叶，中国涌现出像鲁迅、汤用彤、季羡林等众多留过洋的文化大师，他们身上有一个共同点，就是国文功底都很好，长远看对他们的外语学习有正面的促进作用，更何况最后他们还是回到原点，为中国文化的建设服务一生，此时中文的底色作用更是不可或缺。因此，母语能力和素养构成了一个社会人基本的底色。这就提示我们，必须深入思考母语和母国文化对于外语学习究竟有何作用的问题。

就此，笔者不由联想起日本天才数学家冈洁的一段话。冈洁青年时代留学法国，他在其名著《日本的心》（日本の心）（1981，讲谈社文库）中说：

民族はそれぞれの色どりというものを持っている。この色どりはいずれ変わってはいきます。しかし実際はなかなか変わらないものであって、変わったとみえるようになるまでには十万年ぐらいかかるだろうと思っています。その民族の色どりと、その人の心の色どりが一致する人を、私は純粋な日本人といっているわけです。自分は純粋な日本人であるという自覚を、フランスでの留学から帰国して得たのですが、その自覚を持っていない者は、国内向きにも使いようがなく、ましてや国外向きにも使いようがない。

冈洁此处所说的“涂色（色どり）”，笔者理解就是上文所说的底色，也就是文化基因，表现在一个人的思维习惯、价值判断等各个方面，与他从小习得的母语也有着密切关系。这里试举一例，认知语言学的研究表明，中日两国人的思维模式存在差异。日本人善于或惯于走入现场，以剧中人的角色观察和体验世界；而中国人更倾向于做一个旁观者、局外人，习惯从外部观察对象，与之保持一定的距离。这种思维上的差异在汉、日语中表现得非常明显。作为外国人，我们从外部看日语，本来拥有日本人所不具备的优势，换言之，此时母语的背景反而会给我们带来一定优势。因此，我们要充分利用这种底色与优势，而不是一味排斥。这就是前述母语背景的正面作用之一。

然而，现实情况是，迄今日语界对母语背景及优势进行深入探讨的文章不多，笔者曾撰文谈到了母语的优势。已故北京大学教授、日本文学研究大家刘振瀛先生在他的《日语中谓语的附加成分与汉译》（1984，商务印书馆）一书的前言部分谈及撰写这部书的动机时，说到其中有一个目的是“想用‘汉译’来比照一下，目的还在于加深对原语的理解”。他还深有感触地说：“据著者多年来的教学经验，深感成年人学习日语（这里是指提高理解力而言），藉助汉译来加强理解这些日语中较为空灵的附加成分（大多表现为语气、语感的问题），不失为有效的方法之一。”这里关键词是“成年人”和“空灵”，特别是“空灵”二字道出了普通中国人对日语语感把握的实际情况。

作为成年人，学生对日语的把握很多时候停留在空灵的阶段，似有感觉但又把握不住。特别是日语中有大量汉字、汉语词，仔细琢磨起来，更让人难以摆脱似是而非的感觉。笔者以为，成年人学习语言更多的时候需要理性上的把握。笔者无意否认语感，但语感不一定始终可靠，况且不是所有的语言现象都有确实可靠的语感基础做依托。就成年人的外语学习基础而言，取长补短才是我们的必由之路。即，通过理性思维，调动自己比较成熟的认知能力和母语优势，真正将外语化为自己的东西，这样学到的外语最终才是自己的。与此相关联的是，有些人认为语法教学用处不大，对此笔者也难以苟同。当然，这还涉及语法体系的构筑以及教学应如何改善等问题，但有效的语法教学有助于成年人从理性上把握语言规则，帮助他们举一反三，牢固掌握日语知识与技能，这应该是不争的事实。这与从四五岁起就开始学日语等外语的情况，从性质到原理、方法等都大不相同。并且，深刻体认和把握母语与外语间的差异，还能促成自己从理性上更加深刻地把握外语实质，深化对自己母语的客观认识。

然而，为何长期以来，我们对专业学生用日语撰写论文这一“铁则”笃信不疑呢？有多方面原因，其中一条是出于国人长期以来对作为发达国家的日本盲目崇拜和由此导致的不自信心理。反之，其实日本也有类似对中国文化过度崇拜的情结及表现。具有长期在中国生活经历的内山完造在《活中国的姿态》（1995，敦煌文艺出版社）一书中谈及日语汉字的特性时说：“我认为中国人的实生活，却并不能随了日本所使用的汉字东渡，成为舶来品的。退一百步说，即令与实生活同渡了，而其后汉字的内容也无疑地大大地变其性质了。盖原不过是生活符号之汉字，传来后，不仅奉之如神仙，且因传入的人均属上流阶级，故益使一般人敬上加敬，而尊其专门家曰汉学者了。若仅止于此也还罢了。受人尊重的汉学者们便锦上添花，传言汉字乃均具非常的深意在内。这种锦上添花的内容，今犹一仍其旧。此外，日本又有了所谓的假名，使文学的意味益趋艰深。实际上，须知汉字不过是中国的假名（略），而映在我们日本人头脑里的汉字的内容，不仅与中国人之汉字之内容距离极远，往往根本不同呢。”内山的意思十分明了，即汉字在日语中不仅字义上（汉字的内容）有别于中国，而且已经成为一种带有形而上意义的东西（均具非常的深意在内）。我们对日语写作的盲目崇拜，似乎也带上了堪比汉字的形而上的符号意义。长期以来，在不少人看来，或在某些人的潜意识中，不分场合，内容也可不论，用日语写作或用日语说出来，便是高大上的表现，相当于这里内山所说的“带上了玄妙的深意”。其实，语言只是传达信息交流思想的工具，原可不必带上如此“深意”。

内容如何不重要，用日语撰写本身即被赋予了不同寻常的“价值”，这是某种价值理性的典型体现。国内某日语期刊自创刊以来，一直规定中国作者的论文须用汉语撰写。但有一年，某作者在研讨会上提出写作语言应不受此限的诉求，时任主编当场答应可用日语撰写，但一年后却又改了回去。《日语研究》创办之初，向国内部分学者约稿，但因事先未明确写作语言是日语还是中文，结果只有三位作者用中文撰写。出版单位商务印书馆有关领导曾为此事专程来北京外国语大学，提出作为国家有代表性的出版机构，商务印书馆出版外语研究刊物或论集，历来坚持国人须用汉语撰写的原则，否则不予出版。

现在，国内大多数日语语言学方向的博士学位论文用日语撰写，出版时仍用日文，也有的在日本获得学位后，在国内出版日文专著。但这样的著作其命运多半是日本学者不关注，中国读者可能也不大关注，结局多为仅作为评职称或某些奖项的工具存在，其学术公器的作用远没有发挥出来，让人遗憾。北京师范大学翟东娜主编的《日语语言学》（2006，高等教育出版社）在筹划之初，某作者曾主张用日语编写。如果当初真的用日语编写的话，就不会如此受欢迎了。喜欢或习惯用日语写作的人，除了上文提到的价值理性外，还主要出于以下两个原因：第一，用日语撰写便于日本学者直接阅读。这个理由比较牵强，因为既然在国内出版，设定读者自然主要是中国人，很难两方面兼顾到；第二，自感直接用汉语撰写或译成汉语都比较难，原因有二，一是如前文所述，两种语言基于不同的思维模式，转换起来甚为困难，二是术语问题不好解决，虽然这其实也不成为理由，但却道出了写作语言的重要性。反过来，也可以说，用中文写作的可贵之处，正是在于它背后承载着中国人观察世界的思维模式，这反而便于我们发现和解决问题。至于术语转换，属于技术层面问题，虽有难度但也并非不能妥善解决。

二 主体取向

本文之所以对前述价值理性持否定态度，提倡用母语汉语撰写论文，因为它是我们外语教学研究主体性的重要表现之一。现在，全国有不少于500所大专院校开办日语专业，但我们培养日语人才的目标是否明确，所培养的人才是否符合国家建设和时代发展的需要？这些问题需要我们从主体性角度重新加以深入思考。

2002年冬，天津外国语大学举办了日语教育国际研讨会。时任日本日语教育学会会长的西原玲子女士的一番话对笔者冲击很大。她说，今后在日本开日语教育大会，允许大家用自己的母语发表，当然研究内容是日语教育，但发表语言不强求用日语。因为世界上除了有英国英语，还有美国式英语、澳洲式英语、印度式英语。语言不过是交流的工具。笔者当时就在现场，一是惊讶于日本学者的态度竟然如此之开放，二是促使自己对相关问题进行思考，包括外语学习乃至研究的主体取向问题，也就是主体性问题，这关系到我们日语教学与研究的出发点与落脚点。

简言之，正确的态度应该是，坚持从中国人的特点和需求出发、为中国人的外语学习研究乃至国家建设服务的原则，也就是要坚持中国人的主体性。事实上，我们的主体性意识或付之阙如，或十分淡漠。除了论文写作语言外，还表现在，我们看问题时往往缺少独立的视角或观点。不少日语教师限于眼界或近乎采取以价值理性为先导的判断标准，习惯于凡事皆向日本学者眼光看齐，只关注日本学者的研究成果，视其为唯一的参考依据或评判标准。如一提到翻译学，有老师便不假思索地认为，日本必定有成熟的翻译学研究，中国即便有也落后于日本。事实上，日本几乎没有翻译理论和翻译学研究。再如，日本缺乏成熟的辞书学研究，不少出版社或大学图书馆订阅国内出版的《辞书研究》杂志，借鉴中国的辞书研究成果。翻译学和辞书理论研究的缺失，在一定程度上体现了日本人重实践、轻理论的一面，但不少日语教师却不甚了解。再举一例，国内某博士生研究日本江户时代《同文通考》中的异体字。通过对大量国内外辞典等工具书的详细调查，发现新井白石受当时资料所限，所列出的异体字数据中有不少谬误之处。这本是十分正常的事情，然而在答辩时有某资深老师提出质疑，为什么日本学者没有发现或研究成果不多？是因为题目没有价值还是作者没有找到日本学者的相关成果？笔者以为，提出质疑本身在深层次上仍然反映出中国人的日语研究自信心不足的痼疾。

中日两国的视野需求乃至目的、方法不同，导致两国的学术从理念到方法本就不同，也应该不同，这才是两国学术需要相互交流的意义与价值之所在。或许我们过去多讲学术研究的量或质方面的高低，但较少涉及因视野需求乃至目地方法等的不同，导致两国产生不同的研究成果。这些成果往往各有千秋，难以用水平高低等客观指标来衡量，人文学科研究尤其如此。例如，日本自古学习研究中国文学，逐渐形成了汉文学研究领域。

日本的汉文学研究既非与中国学者比拼，当然也不是随心所欲地架构中国文学，其特征在于以日本人的视野需求为先导，这样自然就做出了与中国学者迥然不同的研究，所以决不能以国内学者的水准去衡量日本学者的水准，二者本来就不同。也许正是注意到这一偏差，有识见的部分日本学者，反而对我们中国学者的研究成果有所期待。前日本语法学会副会长、东京大学教授尾上圭介在笔者主编的《现代日语语言学前沿》（2009，外语教学与研究出版社）一书的序言中写道："せっかく広い、大きな中国という国土に生まれたのだから、中国人は大きなことを考えようではないか。"这是因为，尾上先生对中日两国学者思维模式上互有差异这一点具有敏锐的洞察力，故而意识到问题症结之所在，希望两国学者能各自发挥所长，取长补短。

也正因为此，外国人研究日语，因视角和方法独特，往往会发现日本人习焉不察的独特语言现象，有助于从另一个视角探明背后的规律，最典型的莫过于中国人民大学张威老师的日语结果可能研究，其成功昭示了外国人研究日语的特殊价值、意义和优势之所在，也给了非母语研究者以启迪和信心。国内汉语研究中"自指转指""语义指向"理论应用十分普遍，有年轻的日语学者将其用于日语研究，取得了不俗的成果，这其实是将汉语研究中总结出来的规律用于日语研究，就好比用中医治疗外国人，也能取得不错的疗效。结果表明，正因为坚持了主体性，日本汉文学研究、张威的结果可能研究，以及将"自指转指""语义指向"理论用于日语的研究才取得了成功。

日本学者井上优曾在2002年『日本語学』（明治书院）杂志上撰文，称赞前述《日语研究》坚持用汉语写作的办刊方针。理由是，他希望我们的日语研究成为中国语言学界研究的一部分，而不仅仅是日本学研究的一部分。其实，这番话触及日语研究的主体性问题。由于缺失主体性，我们的研究往往缺乏个性，无的放矢，以至难以取得突破性的成果，也就得不到国内外语言学界的承认，更形成不了自己的学派。学术繁荣的标志之一是学派的建立，但在国际日语研究方面，没听说有中国学派。当然，这里的主体性绝非仅仅指写作语言或语言学问题了。

某老师主编日本学丛书，其出发点不错，试图将日本权威学者及成果"一网打尽"，邀请日本一流学者担纲分卷主编，且主要由日本学者执笔，然而却计划在中国出版。这其实还是日本学者本位主义的体现，主体性意识不强。更好的做法是，编选中国人的代表性研究成果，由日方组织翻译，在日本出版，由此才能展开真正的学术对话。反之，日本学者的优秀成果一般都在日本出版，我们可根据需要编译，或原文引进，加入导读性文字，以便读者了解其背景等相关知识。国内翻译日本中国史研究专著已蔚然大观，呈规模化趋势。也有中国学者的日本史研究著作被译成日文在日本出版。在日语学界，最近上海外国语大学王晓华的研究日语情态的论文被日本学者译成日语发表，开了日语界学者论文外译的先河。

国内期刊上的日语论文被引度不高，诚然有各种原因，但其中有一个术语不规范或者说标准化程度不高的问题。一是容易受日本汉字的影响，照抄下来，如“通时”（历时）、“音声学”（语音学）、“音素”（音位），二也是更主要的原因是，对国内包括汉语界、英语界等在内的语言学界的研究关注不够。索绪尔的《普通语言学》早就有中文译本，但有日语老师没有给予足够的关注，不知道用“历时”。术语不标准、非通用，加上不少日语老师喜欢用日文写作，自然引不起国内语言学界的重视了。有的老师用“音声学”的说法，有的甚至没听说过“论元”一词，皆是对国内相关方面的研究不了解不重视，潜意识里还是觉得国内处处不如日本，根本上还是主体意识不强的缘故。

反观日本，在明治时期创办的东京大学建校之初，多邀请外国人执教，但也只是权宜之计。后来本国学者成长起来，逐渐替代外国人。教科书也是，用日语翻译过来，而不是用外语教材本身。日本明治十三年，位居大学总理之职的加藤弘之在《东京学士院杂志》上撰写了这么一篇文章：“虽说东京大学现皆以英语授课，但此事决非本意，全因今日教师、书籍俱缺所致姑且不得已为之。待将来教师、书籍皆渐趋具备，遂以邦语教授为目的。”后来东大成功实现了向日语本位转化。对此，日本语言学大家金田一春彦深感自豪，赞赏这种不同于东南亚很多国家在术语层面直接用英语的做法。尤其在人文社科方面，实现术语的本土化，其实就等于完成学科的从理论到范式的落地与本土化，非常重要。

日语人才培养目标的确定，决定了日语教学乃至日语研究的基本方针。我们的目标是培养有思想、有文化、有思辨能力的日语人才，而不是努力使学生变成只会说日语的传声筒。应该说，现在国内日语教育的大形势，与之前特别是笔者上学读书时的20世纪八九十年代迥然不同，这一点必须正视。随着日语资源的平均化，现在非专业日语学习者队伍日益庞大，非功利性日语学习成为不可忽视的一种潮流，他们的日语学习很大程度上是出于兴趣爱好，特别是对日本动漫、日剧、小说等流行文化的热爱。另外，不上正规大学的日语专业，也能掌握相当不错的日语，学习者劲头足，效率也很高。相比之下，专业日语学生的学习动机、目标则更多含有为了适应就业需要等功利成分。很多本科生为调剂生，多有摇摆性，专业学习动力不足。特别是随着人工智能的快速发展，学生越发心慌焦虑，出于对就业前景的担心，不由自主地将更多精力放在了谋求经济、法律等双学位上。

在此大潮下，日语专业培养目标方针的进一步合理化以及与之配套的课程改革等问题越发突出，甚至迫在眉睫。根本上说，还是涉及教学研究的主体性问题，即我们培养人才的终极目标是为国家的建设事业服务，但现实中，由于过去一味强调模仿式外语学习，鹦鹉学舌，无意中似乎在培养学生像日本人那样说日语，甚至连行为举止、思维模式等也要求学生模仿学习，而不注重其他相关的诸如人文历史等学科知识的学习，于是就会出现让我们尴尬的结果。例如，现在各大学本科生赴日本留学交换的机会多了，应该说是好事，但也暴露出一些问题。某学生赴日本东京大学留学，回国后上论文指导课，课堂发表内容是有关靖国神社参拜的问题，这是他在留学期间做过的课题。令人瞠目结舌的是，他的观点几乎全是日本学者观点的翻版，没有任何自己的看法。平心而论，不能全怪那个学生，这实际上是迄今为止我们固有的教育模式带来的缺陷。首先，中学是应试教育，缺少对学生独立思维的培养。上了大学后，各高校的日语专业缩短学时，导致日语专业课外的课程被大幅度压缩。本来外语专业学生对外语之外的问题就缺乏应有的知识和思辨能力，出国后一旦面对这些问题，除了盲目接受，似乎难以有更好的选择。况且，不少人选修经济、法律等第二学位，占去很多时间。最终的结果，导致日语专业学生普遍存在空心病，特别是思辨能力不强。学习外语的过程一直都会伴随文化摩擦，按理说利于思辨能力的养成。但实际情况却并非如此，因为学生没有具体多元的学科知识做支撑，在遇到文化摩擦等问题时，无法形成真正的思想碰撞，故而不可能养成相应的思辨能力和反思习惯。

前文提到，日本的汉文学研究有他们的主体性，即按照日本人的视野需求裁剪与重构，汲取有用的养分。我们建立的日语研究体系，也要坚持凸显主体性的原则，从中国人特有的视野需求观察和解决问题。在教学方面，要重新定位和设计，特别是超越语言学习本身，力争从学科引领外语学习的角度进行改革。如对于上文提到的日本汉文学，我们应教会或引导学生全面深入了解中国文学基本知识和理论，学会从比较文学的角度进行辨析判断，在此过程中获得不同于日本人的崭新的把握视角和结论，而不是此前的一味被动接受、人云亦云。

三 学科引领

新中国成立之初，由于我国一穷二白的面貌，迫切需要学习外国先进的科学文化知识，建立了很多外语学习机构，由此成为世界上外国语大学最多的国家之一。但时过境迁，过去重在听说读写译五大技能培养的教育模式已不适应当今时代发展需求了。在一定意义上，其中很大一部分功能已被新东方等语言培训机构替代。更何况动漫、日剧的粉丝们，从小就喜欢日本流行文化，日语虽是他们的兴趣之所在，但并不一定希望以日语为志业。反过来，我们发现，真正日语学得好的人不少是自学成才。因为环境发生了很大的改变，具体说是资源和动机决定了非专业学生的日语知识和技能有可能超过专业学生。20 世纪八九十年代学日语，除了电视、广播、讲座等之外，可用于自学的资源极少。现在网络、社会培训等资源无限丰富，同时人工智能的快速发展和积极应用的势头，也让日语专业面临前所未有的窘境。学习动机上，日语专业学生很多是将学日语作为权宜之计，谋求转专业，或将精力放在双学位上，造成了专业学生的日语不见得比业余学习者好、且人文知识素养等也十分薄弱的双重尴尬局面。这些变化让我们对既有的日语教学体系的合理性以及未来发展前景产生怀疑。

在此严峻形势下，高校日语专业该如何重新定位，或者说如何与社会培训结构的日语教育模式确定边界和分担，这个问题值得思考。互联网带头的教育是去中心化，强调资源均等，人人都能享受信息。而大学教育强调的是中心化，要把资源、教师、学生集中到一起。之前为了满足社会需求，大学有变成技能型培训中心的趋势，而现在像外语能力这样的技能培训已很好地被社会接管，大学应该重新回归学术的中心。就外语来说，应通过回归学科引领的态势，给学生创造条件，让他们在综合性的知识技能各方面打好扎实的基础，而不单单是追求外语本身学得好坏。可喜的是，清华大学领先一步，对外语学科进行了改革，其核心理念是跨学科，即用学科来支撑外语学习，不再是过去那种国别式的“语言+文学”的老路。

笔者认为，在教学上，学生日语习得的好坏并不是最重要的，重要的是要有知识、有思想，而且会运用知识，具备综合运用和辨别分析能力，也就是思辨能力，这可能比日语说得好更重要。2015 年在北京大学召开的跨文化交际研讨会上，北京大学某专家的发言让笔者振聋发聩。她说，外语学习有四个阶段，我们的日语学习绝大多数还处于第一阶段，即忠实地模仿，距离最高的第四阶段、即用外语讲中国故事还差得很远。如前所述，我们大量时间花在语言习得上，学生很少有时间去学习和掌握讲中国故事的知识和技能，前面提到的东大留学生就是典型的例子。这方面，特别是综合大学大有可为，应该注重培养学生思考问题的方法和意识，提高综合人文素养。

笔者在北京大学长期教文言语法和日本古典作品选读，喜欢讲一点汉文训读及汉文训读体方面的知识，目的是想给学生一个思考中日文化交流问题的支点。有一位日语学习十分优秀的同学曾质疑我是在教中文，认为它不是古代日语的主流。因为在他的潜意识里，诸如《源氏物语》这样的和文体才是日文。我说，难道穿和服的才是日本人，不穿和服的就不是日本人了吗？对此，我深感我们的教学体系所存在的问题。导致前述日语专业学生普遍存在空心病的原因，除了课时缩短、没有余力安排日语专业课以外的课程外，还有一点是缺乏主体性思维。我们接受日本对外日语教学体系的影响，只注重语言技能而不是思辨能力的培养，没有或至少没有充分考虑到中国学生的学习动机和潜在优势。汉文训读是古代日本人吸收汉文化的重要机制，影响深远。日本现有的对外日语教学体系一般不将此列入，但国内日语教学完全可以适当加入，既可激发学生学习的兴趣，同时也有助于学生养成从历史及中日文化交流的角度看问题的习惯，这些都是主体性的表现。我们应该参照我们的国情、需求和教学目标，适当引进训读及汉文学知识，通过比较文学的角度，引导学生对中国文学到了日本后发生的诸多异变及背后原因等做梳理分析，即通过建立在学科知识基础之上的对不同历史思想文化碰撞的分析，引发学生深入思考，培养他们的思辨能力。由此也想到，我们一般都聘请外教，对外教所承担课程的目标定位也应重新估价。笔者认为，很多课程中国老师承担可能更适合，因为外教对中国学生的特点、需求并不一定十分了解，看问题有难以避免的盲点。

从我们所面临的外部环境来说，很多年前国家就已提出了“专业+外语”的复合型人才的培养目标，这是为适应国家社会、经济各项事业快速发展的需求而调整的结果，但落实得并不理想。日本国际交流基金会北京日本文化中心主任高桥耕一郎曾说过，印度尼西亚的今天是20年前的中国，日语专业毕业生工作随便找，但现在我们培养的学生就业却比较难。传统日语本科专业遇到了挑战，作为第一志愿报考的人较少。因为大家越来越感到，学会日语只是掌握一门工具，在就业市场上完全没有优势。日语专业面临被裁撤的危险，现实当中已有若干高校停招，凸显了外语只是工具的旧有培养模式的宿命与缺憾。但同时，我们也应该看到，现在正是日语发展的机遇期，可谓既有挑战，又有机遇。在政治、经济、贸易、教育文化、出版、旅游等各个方面，中日间互惠合作关系的发展前所未有，在可预见的相当长的一段时期内，这个过程还会持续。新冠肺炎疫情发生之前仅就双方人员往来而言，一周内有上千架次的航班往来两国。其中，商贸、旅游需求还在不断上升。在出版行业，走进书店会发现，大量日语原版书被引进国内翻译出版，内容涵盖范围十分广，从流行小说到历史、建筑、艺术等。笔者认为，日本学者撰写的面向初级者的普及读物很有看头，视点独特，文辞优美，迎合国内很多读者的需求，能够发挥其独特的作用。更何况，日本学者研究中国文学或历史文化等方面的著作，因视点方法等不同，给予我们很多启发，也有引进的必要，事实上也引进出版了许多。随着国内经济模式的升级、社会发展模式等的转型，包括能源再利用、环保、养老等各方面，都有向日本学习的必要。总之，日语专业的前景还是十分乐观的。关键是要确立培养目标，调整教学结构和课程内容，加大日语之外的学科课程的比重，重新塑造专业结构和意识。

我国的日语教育规模很大，由于前期过度盲目扩招，导致不正常的发展结果。前述日语人才的缺陷，加上随着国内土地、人力资本的提高，日资企业的逐渐撤出，国内日语人才的就业形势更加严峻。但其实大学本来就不是单纯培养职业技能的地方，而是一个人走上社会前的用于健全人格、打好专业基础的阶段。所以，专业定位理应分层、分类管理，对不同性质的大学确立不同的培养目标。也就是说，针对一部分精英人才的培养，既要努力使他们通过学习掌握良好的日语语言技能，也要避免外语工具化，加强他们的人文素养和综合能力的培养，特别要树立正确的辨别是非的能力。而对其他大多数大学来说，则需要淡化旧有的所谓日语学习单打一的“专业意识”，加强日语之外各种能力的培养，以学科学习为主导，根据需求设置人文社科等课程，为将来的宽口径就业打下基础，而完全以日语技能培训为主导的日语教育则应该让位于社会上的语言培训机构。

那么，学生的日语习得水平是否会受到影响呢？前引西原玲子的论点很有道理。一说起美国式英语，一般人都觉得高大上，但如果改为说“中国式日语”还会有这样的感觉吗？当然，目前下结论还为时尚早，但笔者认为，首先，所谓日语也是具有层次性和丰富性的，因而我们的培养目标也应对此有所思考。其次，所谓“中国式日语”不等于不顾日语语法、词汇规律随意生造，相反应该是基本符合日语规范，但容许带有一些中国学习者的“特点”（瑕疵级）。带有“特点”的日语并非坏事，一是流露出外国人的痕迹，二是以此换取更多的精力，去学习其他奠定其一生学识或能力基础的历史文化等课程。文化交流不是谋求统一、合并，而是要达成相互理解和包容。有的可相互学习，取长补短；有的则是在相互理解的基础上，谋求相互尊重。有某博士生研究日语的前置表达，属于语用学研究范畴。这样的研究十分需要，也具有较大的学术价值，但如果加入与日语教学相关的内容，那么应该是对日本人特有的这一模式能够认知理解，做到理性上的把握即可，不必教会学生也这么用。我们学习外语的终极目的是了解外国，努力实现异文化间的交流与沟通，但不是要交换国籍，使自己变成外国人。

由此，也促使我们对跨文化交际的本质和意义重新思考。现在日本年轻人流行“伪中文”，乍一看全都是汉字，但与中文相差甚大。这让我们不由得想起了日本历史上的变体汉文。在平安时代，日本公卿贵族写日记时用的就是这种文体，也叫记录体，之后的候文体也与之相关。历史何曾相似？当中国国力上升，各方面影响力大增时，日本人反而开始模仿中文了。在日本中世期间，日莲上人曾告诫年轻人，不要模仿京都贵族的语言，意即要有自信。后来，上方（京都）人竟然以会说关东话为荣，反映了两地政治经济文化的力量发生了逆转。有老师认为，跨文化交际的本质在于国力的强大与否。虽有些偏颇，但不无道理。随着中国国力的上升，最近来中国企业工作的日本人增加许多，也佐证了这一道理。因此，跨文化交际的终极目的是彼此理解和尊重，不是一味地迎合屈就对方。

四 扎根中国

我们要培养有头脑、有思想的日语专业学生，不是单纯的传声筒，而是要客观认识对象国的语言文化等。为了达成这个目标，笔者在 2018 届北大翻译硕士毕业典礼上的“毕业致辞”中提到“我们学外语把太多精力和时间用在对对象国的语言文化的学习研究上，反过来对中国的国情、历史文化却不大了解，这是十分可悲的。加之，多数学习外语的同学或老师对所学对象国抱有特殊的情感，反而有失客观，没有跳出去看问题。不管大家将来从事经贸、外交还是文化交流，都需要深入全面地了解中国的事情；甚至可以说，不了解中国，就等于不了解世界，因为你没有参照（或者说参照物本来就是不对的），更不知道中国真正需要什么。唯如此，才能克服外语只是作为工具的弱点，赋予外语更加鲜明地用于深入研究彼此国情、文化的主体性功能”。

作为教育的组织实施者，教学一线的教师也要改变旧有思维模式，自觉将主体性和学科引领思想贯彻于教学与研究之中。同时，教师自身也要努力调整知识结构，开阔视野，加快身份的转型与升级。特别是历史上中日两国的文化交流十分特殊，尤其需要补上中国历史文化这一短板。2019 年当日本年号“令和”出炉时，其与中国历史文化的关联成为大家所关心的话题，而日语界多数老师因为缺少这方面的知识储备，略显尴尬。说也不是，不说也不是。说了怕捉襟见肘，不说又似乎不该不发声。这种尴尬是我们旧有外语人才模式导致的必然结果。

北京师范大学王志松教授在其主编的《中国当代日本研究（2000—2016）》的前言部分提起该书的缘起，同时对国内日本学的研究做了简要的回顾和总结。他认为，中国的日本研究正逐步淡化以往的功利主义色彩，即不再仅仅把日本作为镜子和窗户，而是承认日本的“异文化性”和“主体性”，采取超然于一时的态度。同时，将日本作为“他者”，而这恰好是认为中日之间存在深刻的关联性所致。在笔者看来，“他者”思维所凸显的，正是主体性思维的重要性。我们应更沉稳、更客观也更理性科学地看待日本，真正地将其看作他者，同时也要建立起自己的知识储备和思辨能力，适应时代发展变化的大趋势，以外语教学研究的主体性思维统领我们的教学与研究，如此才能不人云亦云。

就语言学研究课题的选择而言，随着语言类型学、对比语言学以及语料库的整备，在不少领域，我们具备了与日本学者齐头并进的条件和可能。笔者于2018年受邀创刊《高等日语教育》，背景是国内刊载日语研究论文的杂志太少，且不规范，缺乏理论性和专业性，更主要的还是缺少主体意识。笔者认为，国内日语研究虽已有了一定的积累，但还远未形成自己的风格与学派。究其原因，有一个是我们不善于利用身为非日语母语者的中国人观察研究日语的独特优势，缺少以不同于日本学者的研究视角和方法研究日语的自觉，因而难以实现实质性超越，创新性成果不多。身为中国人，不论研究英语还是日语、德语，都应该有中国人的特点和长处。我们要充分吸收和消化国内外语言学界的研究成果，加强与汉语界、语言学界的融通，而不是紧跟在日本学者的后面亦步亦趋。基于此认识，笔者主编的《高等日语教育》每一期都约请汉语界或语言学界大家撰稿。作为具有风向标意义的这一举措，得到了读者的普遍肯定。

不过，日语界已出现了悄然的变化，我国新一代年轻学者的日语研究成果也开始受到日本学者的关注了。上海外国语大学王晓华副教授的论文《汉日情态共现的差异与共性》（载于《外语教学与研究》2014年第2期）近日被日本近畿大学原田信副教授和吉田幸治教授译成日文，发表在日本出版的刊物上。迄今为止，日本学者关注、借鉴我国日语学者的成果较少，更毋庸说翻译了。20世纪80年代，上海外国语大学戴宝玉教授的复合助词研究起步较早，甚至走到了日本学者的前面，受到了日本学者的关注和引用。此外，在日本获得博士学位的杨凯荣、张威的汉日对比研究也取得了突破性进展，受到两国学界的广泛瞩目。但用汉语写作并在国内刊物上发表的研究论文，被日本学者译为日文发表在日本刊物上的事例极为少见。王晓华的论文可谓迈出了一步。

在某种意义上，研究日语反而会对我们客观认识母语提供不错的视角。笔者甚至以为，学外语的最高境界不是准确掌握外语，而是促使母语客观化，以获得看世界的客观标准。同样，在《高等日语教育》办刊过程中，笔者也获得了一些新的体验和体悟。笔者提倡年轻人写综述和书评。前者是掌握全局意识。而书评，某些老师提出应该由职称高一级的人评低一级的，换言之，博士生没有资格评教授写的著作。但国内人文社科领域的大家如葛兆光和荣新江等先生却不这么认为。有可能日本社会比较讲究上下等级，所以也影响到了部分日语教师的思维。但即便日本也在发生改变，副教授给教授写书评不乏其例，副教授当主编、教授执笔的书也不鲜见。学术是公器，书评就是要对学者的成果进行评述，不应掺和过多的非学术内容。这也是笔者参照国内外学术界的惯例，做出的自主判断，在一定意义上也是主体性的体现。

五 与时俱进

在2019年秋举行的中国日语教学研究会2019年度学术大会暨日本学国际研讨会（杭州师范大学承办）上，教指委副主任委员修刚说，日语专业正面临专业公外化、翻译受AI威胁的困境。这绝不是危言耸听。笔者不情愿用“危机”这个词来概括当前形势，“转型”可能更符合实际情况。刚刚出版的《日语口语词典》（2020，商务印书馆）热销，反映了国内日语学习者人数多，学习热情高，也反映了国内的日语学习早已实现了从功利到欣赏姿态的转变。客观地说，日语教育和研究的潜在需求还很大，与此同时，改革的迫切性也是显而易见的。狼来了，喊了多年，终究是要来的，就好比支付宝冲击了银行，快递冲击了邮局，为何日语专业就像皇帝的女儿不愁嫁？

以上这一切给我们带来了压力，但也是机遇。国家层面，国务院学位办已将外国语言文学一级学科下设的13个二级学科调整为外国文学、外国语言学及应用语言学、比较文学与跨文化研究、翻译学及国别与区域研究五大学科方向，凸显了时代以及社会需求的变化。上文提到了清华大学外文系率先进行了改革，外文系主任颜海平提出了“用跨学科的视阈重塑中国外语教育”的办学理念。这种用跨学科思路谋求发展的思路，也体现在了上海外国语大学成立工商管理学院的用心上，这其实就是将外语学习的比重降低，扩充具有跨学科特点的教育研究内容的举措。当然，改革不是一蹴而就的，需要不断摸索和创新，也会出现各种阻碍和困难，但总的方向是基于为国家建设服务的宗旨，突出日语教学与研究的主体性。为了实现此目标，必须加强学科的引领作用，提高人文素养与思辨能力。

总之，在走向民族复兴之路上的当今中国，日语教育所面临的是机遇，更是挑战，但绝不是危机。向世界先进文明学习、谋求与世界各国人民物质文化的交流是永恒的主题。同时，讲好中国故事，传达中国人民发出的声音，也永远是外语人不容推卸的使命与责任。

参考文献

刘小枫：《我们的学术究竟是为了谁而做的?》（根据《开放时代》杂志社2005年11月举办的题为"中国学术的文化自主性"的论坛发言整理）。

潘钧：《日语教育中的母语背景重要性略谈》，《日语教育与日本学研究论丛》第二辑，民族出版社2005年版。

潘钧：《卷首语》，《高等日语教育》第1—6辑，外语教学与研究出版社2018—2020年版。

王志松：《前言》，《中国当代日本研究（2000—2016）》，社会科学文献出版社2019年版。

王晓珊：《颜海平：用跨学科的视阈重塑中国外语教育》，《21世纪英语教育》2016年第272期。

Japanese Education and Research of China in a Transformation Period

Pan Jun

Abstract: As domestic Japanese education and research are confronted with many problems that should be solved, this paper suggests solutions, which are based on the following parts: value rationality, subjective orientation, direct of the subject, and taking root in China. This paper points out that the general objective is to serve for the construction of the nation, and it is essential to seize the opportunities, strive for reformation and highlight the subjectivity of Japanese education and research. In order to achieve this goal, it is necessary to enhance the guiding role of the subject, humanistic qualities and the capacity of critical thinking.

Keywords: transformation period; Japanese education; Japanese research; subjective orientation; guiding role of the subject

尾崎红叶《巴波川》的创作与中国要素借鉴

张秀强*

摘　要：尾崎红叶小说创作与中国要素借鉴这一课题，先行研究中较少涉及。然细读尾崎红叶的日记及书简，中国典籍的读书记录则有不少。梳理这些中国要素对于研究尾崎红叶文学中的中国古典这一课题具有研究价值。本文以尾崎红叶小说《巴波川》的创作为具体事例，尝试探讨《巴波川》的小说创作与中国要素借鉴这一课题。通过与《聊斋志异》之《花姑子》的文本对比，可以认为尾崎红叶《巴波川》的小说创作，在取材上借鉴了《聊斋志异》。此外，在作品女主人公癞病患者的设定方面，亦有可能受到广东民间传说《粤东癞女》之类故事的触发。在尾崎红叶汲取文学营养的古典文学当中，中国古典文学的存在不容忽视。

关键词：中国要素；借鉴；聊斋志异；广东民间传说

一

关于尾崎红叶小说创作与中国要素借鉴这一课题，先行研究中并无太多涉及。在尾崎红叶研究学者平冈敏夫、十川信介、冈保生、土佐亨、木谷喜美枝、菅聪子、関肇、马场美佳、酒井美纪等人的研究成果中，论述尾崎红叶文学与中国古典文学相关联的内容也是少之又少。先行研究里，土佐亨在《红叶细见　杂考四篇》中，曾考察了尾崎红叶的改编小说《伪金》和它的原作《嫁祸自害》①。尾行国治在《红叶与陆游》一文中，

---

* 作者简介：张秀强（1975—　），男，广东外语外贸大学日语语言文化学院教授，研究方向：日本文学。教育部人文社会科学研究青年基金项目：“中日比较文学视域下的尾崎红叶文学研究”（项目批准号：15YJC752045）。本文原为日文发表，刊登在成蹊大学文学部纪要第 50 号（2015 年 3 月）。中文稿件做部分增删。

① 土佐亨：《紅葉細見　雜考四篇》，《文芸と思想》1973 年第 2 期。

将着眼点放在《金色夜叉》里出现的陆游诗作《楼上醉歌》上，借此推断尾崎红叶涉猎陆游自选诗集《渭南文集》以及《剑南诗稿》的可能性，并进一步暗示《金色夜叉》的主题和构思可能是从尾崎红叶喜爱的《唐宋诗醇》中的诗人陆游身上得到的①。中国学者阮毅曾论述过《三人妻》与《金瓶梅》的关联，另在《日本人与〈西游记〉》一文中，亦论及尾崎红叶与《西游记》的关联②。诸田龙美也曾论及尾崎红叶的代表作《多情多恨》与《长恨歌》之间的关联③。但总体来说，论述尾崎红叶文学与中国文学之间关联的先行研究比较少。

然而，细读尾崎红叶的日记及书简则会发现，其中经常会出现关于中国典籍的读书记录，且在尾崎红叶的作品里也经常出现中国人名或汉诗、汉籍。梳理这些中国要素对于研究尾崎红叶文学中的中国古典这一课题是有意义的，对于研究中国古典之于明治文学的意义也会起到一定借鉴作用。笔者为此将尾崎红叶日记作为基础性文献调查对象，尝试梳理其中所记录的中国人名及中国典籍名称。

尾崎红叶的日记《十千万堂日记》，其中有 1901 年元旦起至 10 月 10 日间约 10 个月的日记内容。此外还有 1901—1903 年的日记，在时间上与《十千万堂日记》有部分重叠，但内容有所不同。此外，笔者还把 1899 年 6 月尾崎红叶所写的《盐原纪行》以及 7—8 月的赤仓、新潟、佐渡日记列入调查对象，总结出调查结果一览表，如表 1 所示。为方便阅读，相关人名与书名用下划线做了标记。

表 1　　尾崎红叶日记中出现的中国人名及相关书籍等

日期	日记内容
1901 年 2 月 1 日	有报，李鸿章病死。
1901 年 2 月 4 日	在蓐中，读文心雕龙。
1901 年 4 月 28 日	枕上，读夜谭随录，四卷。到天明。
1901 年 4 月 29 日	入夜，读夜谭随录，彻宵。
1901 年 4 月 30 日	快晴。正午起，读夜谭随录。

① 尾形国治：《紅葉と陸游》，《国文学》1976 年第 10 期。

② 相关论文参见阮毅「尾崎紅葉『三人妻』と『金瓶梅』」（『日本語日本文学』2008（18）：37-52）以及阮毅「日本人と『西遊記』」（『日本語日本文学』2013（23）：29-46）。

③ 相关论文参见諸田龍美「尾崎紅葉『多情多恨』と「李夫人」「長恨歌」」（『愛媛人文学論叢』2006（8）：1-10）。

续表

日期	日记内容
1901年5月1日	枕上，夜谭随录阅了。
1901年5月10日	十时过，始阅咫闻录。
1901年5月11日	雨繁，气甚寒，终日读咫闻录。
1901年5月24日	九时半起。食后，十一时乘车去本乡冈野。（中略）途经文求堂，购霞客游记十卷（价八日元也）。
1901年7月9日	雨。午后，于别宅起草咫闻录中一节之讲演体，金港堂编纂员仓林某来访。
1901年7月10日	多云。九点许，池田爱子遣使，送藤村蒸果子一折。携之，访学海翁，求释咫闻录中字句，十一时辞归。
1901年7月11日	雨。于文求堂购红楼梦四本第二十四卷（三日元半）。
1901年7月20日	午后，访浅草中村兰台，定做篆刻印章。归路访乌黑翁，看明人赵浙所摹清明上河图一卷。精描详悉可惊也。价二百日元。
1901年9月3日	是月始披读红楼梦。
1901年9月16日	夜，起草嫁祸自害之讲演文稿。
1901年9月19日	赤城祭礼，鼓笛声喧嚣入夜。起草伪金之讲演文稿。
1901年9月20日	骤雨数数到。午前苔花生来访。起草伪金。
1901年9月30日	此夜与镜花谈至深夜，月明可赏。立待月也。月明楼上，读淮南子·人间训。
1901年11月8日	李鸿章服鸩卒去，见诸报端。七十九岁。可惜。午前，送竹冷氏俳句文稿。购木兰奇女传（二十五钱）。至大学医院，访病中乙羽子。
1903年3月25日	归途，过琳琅阁。购寄所寄、纪晓岚五种、书启合璧三种（四日元八十钱）。

资料来源：此表为笔者参考《红叶全集》第十一卷（东京：岩波书店，1995）中收录的尾崎红叶日记制作而成。

表1是以《红叶全集》中所收录的尾崎红叶日记为调查对象，整理得出的尾崎红叶的中国典籍阅读、购买记录以及相关时论。比如分析1901年2月4日“在蓐中，读文心雕龙”这一阅读记录，我们可以发现尾崎红叶在读《文心雕龙》时的状态是“在蓐中”，即可知他生病卧床。进一步可知，尾崎红叶并非初读《文心雕龙》，应该是把《文心雕龙》当成枕边书经常翻阅。至于尾崎红叶买《红楼梦》的书店文求堂，则是一家专卖中国书籍的书店，店主田中庆太郎（1880—1951）与郭沫若等人交往甚密。尾崎红叶在看了《清明上河图》的临摹画之后，或是跟自己的弟子泉镜花畅谈之余，在日记中自然留下“精描详悉可惊也”“月明可赏”“月明楼上”这样的汉文表达。以上种种事例都可以说明，尾崎红叶

对中国的事物抱有极大兴趣。

整理尾崎红叶的阅读记录，可以发现，在 1901 年这一年里，尾崎红叶涉猎过的中国相关典籍有《文心雕龙》《夜谭随录》《咫闻录》《霞客游记》《红楼梦》《淮南子・人间训》《木兰奇女传》等八种之多。尽管尾崎红叶早年师从汉学家石川鸿斋，汉文学素养极高，但一年内的中国典籍阅读量，不可谓之少。而且，这仅仅是他 1901 年这一年里，单单就中国典籍方面的阅读记录。尾崎红叶日记中，还涉及屠格涅夫、歌德、加布里埃尔・邓南遮、梅特林克等诸多欧美作家作品。现存的尾崎红叶日记是从 1901 年开始的，1901 年以前尾崎红叶的中国典籍相关阅读记录，还有尾崎红叶在“书目十种”中列出过的《唐宋诗醇》。且从 1901 年的阅读记录推测，尾崎红叶中国相关典籍阅读的范围应该更为广泛。关于这一点，尾崎红叶文学作品中频繁出现的汉诗文以及中国相关典籍的名称可以成为力证。值得一提的是，1903 年 3 月 25 日《寄所寄》《纪晓岚五种》《书启合璧》的购书记录。尾崎红叶于 1903 年 10 月 30 日逝世，故而这是他离世前半年时所购买的中国相关书籍。尾崎红叶即使身在病中，依然博览群书，想从中国典籍中汲取文学素养。

这些中国典籍的阅读记录具体如何反映在尾崎红叶的文学创作之中，又有哪些与中国相关的素材被尾崎红叶活用到小说中去这一点，尚需进一步实证性的研究。就笔者目前已掌握的资料而言，《金色夜叉》中荒尾让介大醉之后在街头吟咏的诗歌就是陆游的诗作，这与尾崎红叶关于《唐宋诗醇》的阅读经验相吻合。尾崎红叶阅读《红楼梦》，有极大可能是因其忘年之交汉学家依田学海的推荐。之所以这样判断，是由于依田学海的书信《与红叶山人书》登载于 1902 年春阳堂出版的《金色夜叉续篇》之中。而这篇用汉文书写的书信中，依田学海明确地对尾崎红叶给出了阅读《红楼梦》的建议。以下为书信全文。

红叶山人足下。仆幼嗜读稗史小说。当时行于世者。京伝三马一九。及曲亭柳亭春水数辈。虽有文辞之巧丽。构思之妙绝。多是舐古人之糟粕。拾兔园之残简。聊以加己意焉耳。独曲亭柳亭二子较之余子。学问该博。熟惯典故。所谓换骨夺胎。颇有可观者。如八犬弓张侠客伝。及田舍源氏诸国物语类是也。然在当时。读此等书者。不过闾巷少年。畧识文字。间有涉猎史伝者。识见浅薄。不足以判其巧拙良否焉。而文学之士斥为鄙猥。为害风紊俗。禁子弟不得纵读。其风习可以见矣。年二十一二。稍读水浒西游金瓶三国红楼诸书。兼及我源语竹取宇津保俊荫等书。乃知稗史小说。亦文学之一途。不必止游戏也。而所最喜。在水浒金瓶红楼。及源语。能尽人情之隐微。世态之曲折。用笔周到。浑思巧致。而源氏之能描性情。文雅而思深。金瓶之能写人品。笔密而心细。盖千古无比也。近时小说大行。少好文辞者。莫不争先攘臂其间。然率不过陋巷之谈。鄙夫之事。至大手笔如金瓶源氏等者。寥乎无闻何也。仆及读足下所著诸书。所谓细心邃思者。知不使古人专美于上矣。多情多恨金色夜叉类。殆与金瓶源语相似。仆反覆熟读不能置也。惜范围狭。而事跡微。地位卑而思想偏。未足以展布足下之大才矣。盍借一大幻境。以运思驰笔。必有大可观者。仆老矣。若得足下之一大著述。快读之。是一生之愿也。足下以何如。[①]（下划线为笔者所加）

依田学海书信中的“盍借一大幻境。以运思驰笔。必有大可观者”一句，即可让人联想到《红楼梦》中的“太虚幻境”。在此书信中，依田学海热心向《金色夜叉》创作停滞不前的尾崎红叶给出了建议：“借一大幻境。以运思驰笔。”即从《红楼梦》中寻求构思上的灵感，加快小说创作的进度。而从日记中的记录来看，尾崎红叶也是坦率接受了依田学海的建议。

前田爱论文《明治初期文人的中国小说趣味》中曾将依田学海定位为中国小说通，“学海藏书中有《宣和遗事》《说岳全传》《古今奇观》等白话小说，亦有《情史类略》《虞初新志》《西青散记》《阅微草堂笔记》《聊斋志异》等传奇小说，还包括《品花宝鉴》《春江花史》《春江灯市录》等艳史类小说。学海最爱读的是《水浒传》《金瓶梅》《红楼梦》三书。”[②] 在这些藏书中，《阅微草堂笔记》《聊斋志异》《水浒传》《金瓶梅》《红楼梦》等也在尾崎红叶的阅读范围之内。考虑到尾崎红叶与依田学海是忘年之交，可以推断尾崎红叶喜爱中国小说也有受前辈依田学海影响的原因。

① 尾崎德太郎：《金色夜叉続篇》，東京：春阳堂，1902. 1–6。
② 前田愛：《前田愛著作集第二巻　近代読者の成立》，東京：筑摩書房，1989. 290。

以上通过整理尾崎红叶日记中有关中国典籍的记述，可以得知尾崎红叶涉猎诸多中国文学。如此一来，这些中国文学是以何种形态反映在尾崎红叶的文学创作当中就成为接下来的问题。下面以尾崎红叶小说《巴波川》的创作为具体事例，尝试探讨《巴波川》的小说创作与中国要素借鉴这一课题。

二

《巴波川》是尾崎红叶的初期作品。1890 年 12 月 25 日作为“新著百种”的号外作品在吉冈书籍店发行。该作品以尾崎红叶的友人青木的亲历秘事为形式展开。青木暑假登筑波山，归途投宿于枥木町一旅馆。旅馆姑娘阿茑的美貌令青木倾倒。青木由于突发腹痛，不得已在旅馆逗留 6 日。其间青木、阿茑两人之间情愫暗生。青木回京前夜，邀阿茑来自己房间，吹熄烛火“不由女子分说，得遂鱼水之欢”。翌日清晨，不见阿茑踪影，青木怀中只剩下一纸遗书。上面写道：“妾有疾在身，实为残废之人。若与男子有肌肤之亲，则旧疾一时骤发，容颜尽失，目不忍睹。”《巴波川》是一篇富有传奇色彩的作品。作品标题的巴波川实际上是流经日本枥木市中心的一条河流。直至明治初期，一直是连接枥木与江户之间的水上交通要道。在铁路通行之前，该航道承担了两地之间大米、麻等物资的运输，航程往往需要数日。

《巴波川》发表当时的社会评价也不高。例如，抚象子把这部作品作为伤风败俗的典型，在《女学杂志》中批判道：“如若小说都如此这般，则奉劝良家父兄还是杜绝小说流入自家儿女手中为好。”① 松琴居士在《日本评论》中撰写长篇评论，谴责了尾崎红叶的作品立意。他表示：“当今文坛公认第一勇士的红叶山人，为何写出这等无聊的小品文，吾等实在无法理解山人之意图。”② 石桥忍月也在《国会》的文苑专栏中批判尾崎红叶 1891 年新年前后的几部作品。他举出新著百种号外的《巴波川》与《新桃花扇》，一方面尽管肯定了“红叶山人笔触愈发成熟”，另一方面也批评尾崎红叶的作品“构思方面愈发曲折，实为可惜”。并评论道：“红叶的作品中，总是玩弄女子的感情，使女子成为男子寸快寸欢的

① 中島国彦：《文藝時評大系「明治篇」第一巻》，東京：ゆまに書房，2005. 263。
② 中島国彦：《文藝時評大系「明治篇」第一巻》，東京：ゆまに書房，2005. 265。

牺牲品”[①]，石桥忍月借此来敦促尾崎红叶进行自我反省。

平冈敏夫与时评对尾崎红叶创作意图的一致批判略有不同，在《红叶的初期小说——〈胧舟〉及其他》（《国语与国文学》1968年4月）、《巴波川之畔——红叶·女性物语断章》（《国语通信》1975年10月）等论文中，系统分析了尾崎红叶初期作品《剥鸡蛋》和《胧舟》等，并论及与《巴波川》的关联。平冈敏夫认为，尾崎红叶初期的小说创作有一种类型化的倾向，即喜欢创作“将年轻女性置于悲惨的命运末路”[②]的小说。

这样看来，尾崎红叶的《巴波川》在发表之时，虽未见得收获许多赞誉，但因话题新奇，尽管作品仅为短篇，在众多尾崎红叶作品中亦受到较多关注。

（1）《巴波川》的传奇小说特征

当然，围绕《巴波川》的评论并不都是批判。近年来，随着研究视野的拓宽，亦有了更多视角的解读。比如，秦重雄在《有挑战性的文学史——被误读的部落/麻风病文艺》（鸭川出版，2011年10月）一书中，也论及了《巴波川》的部分内容。秦重雄最初写道：“初读后，只觉得应是红叶为赚取零用钱而随手一写的小故事。但对于熟知红叶的人来说，它应该占据着更重要一点的位置。”[③]

秦重雄之所以判断它可能占据更重要一点的位置，根据是尾崎红叶弟子德田秋声的以下言论：“先生一直以来都注重写实，在作家里面最喜爱西鹤与莫泊桑，创作有意气的小品文是先生的生命。”（德田秋声《与红叶先生的接触经历》《女性》，大正十四年四月，八木书店版全集第20卷333页）

秦重雄认为，《巴波川》应属于德田秋声所说“有意气的小品文”，并进行如下概括：“‘我死后，请替我对家母多加照拂。’阿茑在坚守爱情的同时，将‘无依无靠的母亲’托付于青木。深度解读的话，可以认为

① 中島国彦：《文藝時評大系「明治篇」第一卷》，東京：ゆまに書房，2005. 266。

② 平岡敏夫：《紅葉の初期小説——「おぼろ舟」その他——》，国語と国文学，1968（4）：31-32。

③ 秦重雄：《挑発ある文学史——誤読され続ける部落/ハンセン病文芸》，京都：かもがわ出版，2011. 229。

红叶描写了一位以自己之死求得爱孝两全的女性。”①

在这里，“以自己之死求得爱孝两全的女性”秦重雄的这一论点意义在于他将《巴波川》定位为麻风病相关的文艺作品。诚然这位女主人公的身份设定对于作品具有重要意义，但从整体上看，这篇充满传奇色彩的作品，总会让人联想到中国唐代传奇小说《游仙窟》或是蒲松龄的《聊斋志异》。小说文本中也有如下情景描写。

“这家里实在是太旧啦”。女子边说着，将灯火挪到适当的地方。她跪着拨弄灯芯的样子真可谓仪态万方。借着灯火，青木这才头一次看清她的秀美脸庞！啊呀，这里难道是魔窟吗？莫非这女子为妖怪所变？真是令人称绝的美色啊。女子感到灯光耀眼，不觉中眯缝起眼睛。那眼波中似乎藏着万种情思。青木向来对于女色比较迟钝，但见此情状，也有灵魂脱壳之感，一时怔怔地瞅着女子的脸庞发呆。女子回首之时，跟青木的眼神撞了个正着，不免微红了脸庞，低头小声说道：“我去给您拿点烟的火去。”说罢便匆匆从房间里退出，那样子像被赶出去一般。

青木抱起胳膊，皱起眉头，眼睛死盯着墙壁，心里一个劲地纳闷：这女子到底是做什么的呢？如此便宜的旅馆里，竟然有着如此美艳的女子。实在是美得过分的感觉。想必栃木町的地段里……不，整个县里也没有的美色吧？不不，不必说这乡下的县里，连都城里也不会有如此的花艳美色。她是下人？还是良家？又或是风尘女子？不管是哪一种身份，都长得太美啦。以前青木曾发誓自己绝对不会讲究迷信，而现在他也开始迷信了起来。联想到自己曾经付诸一笑的聊斋志异剪灯新话里的怪谈，正所谓也不无理外之理，此女子说不定就是那妖怪也未可知。或许缓过神来，青木也会对自己当下的愚痴之状有所反思，然而意外当前，他的心里腾起的全是困惑的疑云。②（下划线为笔者所加）

---

① 秦重雄：《挑発ある文学史——誤読され続ける部落/ハンセン病文芸》，京都：かもがわ出版，2011. 230。

② 日文原文参见尾崎紅葉《紅葉全集第二卷》，東京：岩波文庫，1994. 354—355，中文译文为笔者译出。

文中青木关于“魔窟”的反应让人联想到《游仙窟》里深山中张生误入的神仙窟。若在此线索上继续联想，就可进一步联想到青木=张生、阿蔦=崔十娘这样的人物关系构图。其实，在尾崎红叶的代表作《金色夜叉》里，就有“佐分利和甘糟一直就主张要到横滨去的，原因是他们在那里发现什么游仙窟啦”① 这样一句，结合故事的上下文，此处的游仙窟一词是用来比喻做了高利贷生意后的隐姓埋名的生活状态。正是因为尾崎红叶熟知《游仙窟》，所以才会在小说创作中有这样的援引。

而且，在引用段落中还出现了《聊斋志异》和《剪灯新话》两部中国典籍。在桥口晋作的《巴波川》注释本中，介绍了藤田祐贤的如下见解：“红叶不正是以《聊斋志异》中的《花姑子》为底本，借助民间关于麻疯病的种种不一定可靠的传言，而写成了这部《巴波川》的吗?”② 这也可谓是《巴波川》的小说创作中借鉴中国要素的集中体现。在藤田的这篇论文中，藤田提及了《巴波川》中出现《聊斋志异》的事实，以及《巴波川》的开头部分与《聊斋志异》中的《花姑子》有类似点，但并无详细论证。此外，尽管藤田祐贤强调《巴波川》是受到《聊斋志异》中《花姑子》故事的影响，但同时也强调了尾崎红叶有极大可能是通过汉学老师石川鸿斋了解到《聊斋志异》的。笔者尝试调查了《聊斋志异》中的《花姑子》故事，并与《巴波川》进行了比较，发现两作品之间的确存在以下几处相似（见表2）。

表2　《花姑子》与《巴波川》两作品之间的类似处

《聊斋志异》的《花姑子》	巴波川	《巴波川》中译
暮归、路経华岳、迷山谷中、心大恐。一矢之外、忽见灯火、趋投之。	大構の店を余所にして某町の小路に、煤け行燈の見る影もなき安泊に飛び入れば、	（青木）于是没有选择门面很大的酒店，而是沿着某町的小路，径直闯入了一家连个灯笼都没挂的旅馆，看上去就非常便宜。

① 尾崎紅葉：《紅葉全集第七巻》，東京：岩波文庫，1993. 76。

② 現代文学研究会：《近代の短編小説（明治篇）》，福岡：九州大学出版会，1986. 32-33。此外，论文的中文翻译借鉴王枝忠翻译的藤田论文《〈聊斋志异〉的一个侧面——关于它和日本文学的关系》，聊斋志异研究，1993（Z1）：183-184。

续表

《聊斋志异》的《花姑子》	巴波川	《巴波川》中译
俄女郎以馔具入、立叟侧、秋波斜盼。安视之、芳容韶齿、殆类天仙。	青木は手を組みて顰むる眉の下よりきつと壁を睨み、此女の正体何と判断に苦しむは、安宿に過ぎたる女人、過ぎも過ぎたる美色、栃木町にも……県にも過ぎたる美色、いやいや下野、下野はおろかな事、都にとてもあるまじき花艶、下女か女子か、淫売か、其にしても此にしても過ぎたる容色。	青木抱起胳膊，皱起眉头，眼睛死盯着墙壁，心里一个劲地纳闷：这女子到底是做什么的呢？如此便宜的旅馆里，竟然有着如此美艳的女子。实在是美得过分的感觉。想必栃木町的地段里……不，整个县里也没有的美色吧？不不，不必说这乡下的县里，连都城里也不会有如此的花艳美色。她是下人？还是良家？又或是风尘女子？不管是哪一种身份，都长得太美啦。
房西隅有煤炉、女郎入房拨火。	家が古うござりますゆゑと行燈を適所に直し、しとやかに跪きて燈心を掻立つる時、始めて其顔を見れば!	"这家里实在是太旧啦。"女子边说着，将灯火挪到适当的地方。她跪着拨弄灯芯的样子真可谓仪态万方。借着灯火，青木这才头一次看清她的秀美脸庞!
忽闻女郎惊号。叟奔入、则酒沸火腾。	颯と涼しく吹来る風に、ふすふすと音して柴の焚上るに驚き、蔦よ蔦よと喚起てながら小股走りに行きけり。	忽一阵凉风吹来，柴火呼啦啦地烧了起来。妇人边跑边呼喊着："阿茑呀，阿茑呀!"
睹仙容、使我魂失。	火影を眩がりて繊むる眼波に、えも言はれぬ情思の籠れるに、女色には鈍き青木もしみじみ感じて、心魂脱けたるごとく惘とその顔に瞳を凝せば、	女子感到灯光耀眼，不觉中眯缝起眼睛。那眼波中似乎藏着万种情思。青木向来对于女色比较迟钝，但见此情状，也有灵魂脱壳之感，一时怔怔地瞅着女子的脸庞发呆。
生渐入室、女起、厉色曰：狂郎入闼将何为。生长跪哀之。女夺门欲去、安暴起要遮、狎接臁月亟。	青木満心の勇を鼓して矢庭に燈火を吹滅し、有無をいはせず契りぬ。	青木鼓起满心的勇气一下子将灯火吹灭，不由女子分说，得遂鱼水之欢。

资料来源：此表由笔者制作，《巴波川》中译为笔者试译。

通过表 2 可以发现，在《花姑子》中书生安幼舆在深山迷路，投宿于附近村落，与房主女儿花姑子热恋发展至云雨之情。但因花姑子实则为一只香獐精，所以二人不能结为夫妇。花姑子托人把与安幼舆所生之子交给安幼舆。虽后半部情节展开有所不同，但前半部确有诸多类似情景。下面就类似点稍作整理。

首先看男女主人公相遇时的场景设定。在《巴波川》中，青木"为登筑波山，清晨从山麓出发，归途行至栃木时已近黄昏，乃去寻找旅店落脚。然而青木囊中羞涩，于是没有选择门面很大的酒店，而是沿着某町的小路，径直闯入了一家连个灯笼都没挂的旅馆，看上去就非常便宜。”并在旅馆里与美人阿茑相遇。在《花姑子》中，同样是安幼舆“暮帰、迷山谷中”“一矢之外、忽見灯火、趨投之”①。其后，在客栈中与“芳容韶齒、殆類天仙”的花姑子相遇。而且，青木初次看清阿茑容貌的情景是阿茑“将灯火挪到适当的地方，跪着拨弄灯芯”时，安幼舆初识花姑子美貌也是“房西隅有煤炉、女郎入房拨火”的情景。两者都有进房间拨火之细节。尽管细微处的小道具有所不同，但场景设定可谓相似。

再者，《巴波川》中有烧洗脚水的“年约四十岁的妇人”出现的场景：“忽一阵凉风吹来，柴火呼啦啦地烧了起来。妇人边跑边呼喊着：‘阿茑呀，阿茑呀！’”《花姑子》中也有“忽闻女郎惊号。叟奔入、则酒沸火騰”的描写。一边是因害怕烧水时炉火燃起的母亲，另一边是花姑子因温酒燃起大火而惊慌，这样类似的情景出现想必不是偶然。

此外，《巴波川》中，阿茑照看腹痛的青木，其形象与探望病中的安幼舆的花姑子有所重合。青木在回京前夜，鼓起勇气邀阿茑来到自己房间，吹熄烛火，“不由女子分说，得遂鱼水之欢”，被性欲支配的青木的人物形象与安幼舆“生漸入室”，尽管花姑子厉声道“狂郎入闼将何为”，仍然固执地试图“狎接”，强迫花姑子与之交欢。男主人公在色迷心窍之下强人所难这一点上也有重合之处。此外，青木看到阿茑美貌之后，发出这样的感想：“啊呀，这里难道是魔窟吗？莫非这女子为妖怪所变？真是令人称绝的美色啊！”他开始怀疑阿茑是“魔窟”中的妖怪。其后的心理描写中，“以前青木曾发誓自己绝对不会讲究迷信，而现在他也开始迷信了起来。联想到自己曾经付诸一笑的聊斋志异剪灯新话里的怪谈，正所谓也不无理外之理，此女子说不定就是那妖怪也未可知。”也就是说，青木开始对《聊斋志异》《剪灯新话》等故事付之一笑并不相信，直到遇见阿茑才开始相信世上存在妖怪。在这个场景中，“妖怪”一词以及《聊斋志异》的书名在《巴波川》作品中的同时出现，可谓是佐证《巴波川》借鉴《聊斋志异》的决定性要素。

除上述类似点之外，两个作品在整体风格上也有相似之处，在此不做详细考证。《花姑子》与《巴波川》最大的不同在于，《花姑子》是以报

---

① 花姑子原文出自以下版本。(清) 蒲松龄：《聊斋志异》，中华书局 2009 年版，第 203—205 页。

恩为主题的。安幼舆曾帮助过花姑子的家人，这是主人公花姑子许身于安幼舆的一大原因。而在《巴波川》中，青木与阿莺之间并无这种“恩情”与“义理”，其作品展开的契机纯粹是由于青木倾心于阿莺的美貌。青木对阿莺一见钟情，在住店期间，因为喝了生水而突发腹痛。不过青木却因祸得福，他的疾病成为拉近与阿莺距离的契机。连日照看青木的阿莺也逐渐倾心于青木，在得知青木要离开时表现出不舍之情，终至二人发生关系。青木在阿莺母亲的“悲唤”声中春宵梦醒，得知阿莺已经离家出走并投河自尽。而在《花姑子》中，行动派的安幼舆对花姑子一见钟情后，立刻谋划托好友向花姑子提亲，但因未找到花姑子的住处而患相思病。花姑子来见，“安喜极、抱与绸缪、恩爱甚至”。但发生男女之情后，花姑子对安幼舆坦白“妾冒险蒙垢、所以故、来报重恩耳。実不能永谐琴瑟、幸早别図”。

这里如果从“阻挡爱情的原因”这一点看，《聊斋志异》的所有故事都是讲人妖殊途，《花姑子》也不例外。《巴波川》也有与《聊斋志异》的《花姑子》类似之处。生来就身患麻风病（癞病）的阿莺有着“若与男子有肌肤之亲，则旧疾一时骤发，容颜尽失，目不忍睹”的悲惨命运。阿莺为了爱情打破禁忌，冒着的是性命攸关、容颜尽毁的风险。

这样比较《巴波川》与《聊斋志异》之《花姑子》的相似点和相异点，可以认为尾崎红叶《巴波川》的小说创作，在取材上借鉴了《聊斋志异》的《花姑子》。

（2）癞病患者这一情节设定的意义

如前文所述，作为《巴波川》被批判的重要原因之一，是由于平冈敏夫所说“将年轻女性置于悲惨的命运末路”的这一类故事过于残酷。诚然，《胧舟》中女主角因相思而亡，《邻家之女》中的女主角因吹箭而失明，《金色夜叉》中阿宫几近精神失常，尾崎红叶小说中女性深陷悲惨的命运末路的情形很多。在《巴波川》中，尾崎红叶更是把阿莺的人物设定成“若与男子有肌肤之亲，则旧疾一时骤发，容颜尽失，目不忍睹”的癞病（麻风病）患者。

尾崎红叶小说中提到过癞病的不止有《巴波川》。1893 年在《读卖新闻》上连载的《心之阴翳》中有这样一段场景描写：盲人按摩师佐之市跟客人夸奖旅馆老板千金久米的美貌，客人接话道：“如你所言，这家小姐确是貌美温柔，高贵善良，也受过良媛教育。但我悄悄跟你说，听说此地癞病风行。古来就有说法，尤其是美女易得此病。如果真如此，那越是美貌，越令人害怕呢。”暗恋久米的佐之市非常生气，“不仅仅在按摩治疗上敷衍了事，而且原本规定六钱的费用收了十钱”，客人惊讶地嘀咕道：“此地的名产除了癞病和葫芦干之外，还有态度强横的按摩师啊。”①

《心之阴翳》中，旅店老板千金久米是否患癞病只是客人的臆测，而在《巴波川》中，身为癞病患者的阿茑与青木过夜之后，很快变成“容颜尽失，眉发脱落，目不忍睹的形象”。所以在逼真的容貌变化描写这一点上，《巴波川》远远超越了《心之阴翳》。而且，从阿茑遗书“若为世间所弃，则更感内心煎熬，遂下决心，自行了断”的语气之中，可以感受到明治社会对麻风病患者的偏见与歧视。

对于阿茑“若与男子有肌肤之亲，则旧疾一时骤发，容颜尽失，目不忍睹”的麻风病患者的人物设定，其背景或许与明治时代的日本确实存在麻风病患者，明治政府为此建造了救助麻风病患者疗养院这一事实有关。但这充满迷信色彩的设定，是否基于日本民间故事和传说以及日本民众对麻风病的认识？笔者调查了日本是否存在女性麻风病患者与男性发生性行为后发病的故事。调查结果，有光明皇后为麻风病人吸除脓血的故事；也有被毒酒毒死的小栗判官化身为麻风病人后返回人世，并在沐浴过熊野温泉后恢复潇洒身姿的故事；还有俊德丸的故事中，遭继母诅咒而身染癞病的俊德丸前往熊野温泉，借清水寺观音之力治愈疾病；患癞病的圣武天皇第三皇女松虫姬，在千叶县印幡郡印幡村被丢弃，但后被药师如来治愈等有关麻风病的日本民间传说②。但却没有找到女性麻风病患者与男性发生性行为后发病的故事。反倒是在偶然中发现在中国广东省、福建省以及台湾地区有罹患麻风病的女性通过与男性发生性行为来治好自己的麻风病这一迷信现象。这件事情对于作品《巴波川》而言，又有何种意味呢？

(3)《巴波川》与广东民间传说的关联性

中文里也有“癞病”“麻风病”的说法。调查中国古典文学中出现的“癞病”“麻风病”，可以发现在《秋灯丛话》第十一卷的《粤东癞女》《夜雨秋灯录》第三卷的《麻风女邱丽玉》以及吴炽昌所作《客窗闲话》

---

① 尾崎紅葉：《「紅葉全集」第四巻》，東京：岩波書店，1994. 252-253。

② 熊本日日新聞社：《検証　ハンセン病史》，東京：河出書房新社，2004。

中均有关于此病的民间传说。这之中，《秋灯丛话》第十一卷的《粤东癞女》是短篇，并且记录了罹患麻风病的女性与男性发生性行为传病的陋习。以下引用其全文。

粤东某府，女多癞病，必与男子交，移毒于男，女乃无患，俗谓之过癞。然女每羞为人所识，或亦有畏其毒而避者，多夜要诸野，不从则啖以金。有某姓女染此症，母令夜分怀金候道左。天将曙，见一人来，询所往，曰："双亲早没，孤苦无依，往贷亲友，为糊口计。"女念身染恶疾，已罹天罚，复嫁祸于人，则造孽滋甚。告以故，出金赠之。其人不肯受，女曰："我行将就木，无需此，君持去，尚可少佐衣食，毋过拒，拂我意。"其人感女诚，受之而去。女归，不以实告。未几，疾大发，肢体溃烂，臭气侵人。母怒其诳，且惧其染也，逐之出，乃行乞他郡。至某镇，有鬻胡麻油者，女过其门，觉馨香扑鼻，沁入肌髓，乞焉。众憎其秽，不顾而唾，一少年独怜而与之。女饮讫，五内顿觉清凉，痛楚少止。后女每来乞，辄挹与不少吝。先是，有乌梢蛇浸毙油器中，难于售，遂尽以饮女。女饮久，疮结为痂，数日痂落，肌肤完好如旧。盖油能败蛇毒，性去风，女适相值，有天幸焉。方其踵门而乞也，睹少年，即昔日赠金人，屡欲陈诉，自惭形秽，辄中止。少年亦以女音容全非，莫能辨识。疾愈，讬邻妪通意，少年趋视不谬，潸然曰："昔承厚赠，得有今日，尔乃流离至此，我心何忍，若非天去尔疾，竟觌而失之，永作负心人矣！"郗歔不自胜，旁观者啧啧，咸重女之义，而多少年之不负其德也。为之执伐，成夫妇焉。①

比较《粤东癞女》与尾崎红叶《巴波川》中的人物设定，发现尾崎红叶《巴波川》阿茑"若与男子有肌肤之亲，则旧疾一时骤发，容颜尽失，目不忍睹"的麻风病患者设定与中国广东地区民间传说的立意十分相似。但明显不同的是，广东地区民间传说中，罹患麻风病的女性通过与男性发生性行为传病来治好自己的疾病，而在尾崎红叶《巴波川》中，则是罹患麻风病的女性因与男性发生性行为后，自己病发而容颜尽毁。与

① （清）王椷：《秋灯丛话卷十一》，黄河出版社1996年版，第185—186页。

前者嫁祸于他人的陋习相比，后者是面对自己招来的祸患，自己承受其后果，有点自作自受的成分。

《秋灯丛话》是乾隆四十二年（1777）的笔记小说，《夜雨秋灯录》初版则于光绪三年（1877）刊登上海申报的刊物之上。在这里姑且进行大胆推测，博览群书的尾崎红叶在广泛涉猎中国古典作品时，从《粤东癞女》中得到素材，但却没有照搬挪用，而是为创作“反其意而用之”，打造成其所擅长的“将年轻女性置于悲惨的命运末路”的这一类故事。现阶段虽然不能完全考证到尾崎红叶日记与全集中《夜雨秋灯录》的读书记录，而且也有可能是尾崎红叶从砚友社其他文人处得到素材并加以利用，但考虑到《巴波川》在1890年才作为新著百种面世，尾崎红叶接触到《秋灯从话》之类的故事的可能性极高。

那么，如若存在影响关系，这种麻风病患者的设定有何意义？中国学者王立在《明清小说蛇毒无意中疗病母题与佛经故事》一文中，总结同类型故事，并进行了以下分析。

> 在中国古代持久稳定的社会心理中，对于那些行善者的酬赏意识，是无往不在的，而到了明清时期，母题却带有了前所未有的核心意蕴。一者，更加关注民众日常生活与命运中的喜怒悲欢。对于年轻男子，强调一见钟情式的不顾一切的爱情；对于少女，则突出其贞淑必然获得应有的幸福。上述故事绝不是孤立的，而是若干大同小异相关故事的一个类型，颇能代表明清时代的社会心理和价值取向。
>
> 二者，明清时代的类似故事总是较为集中地关注粤地一带的“过癞”陋俗，这一陋俗的受害者——因为偶然服用蛇毒而成了幸运儿的男青年，基本上是中原人或江南人。这类异文众多的文本中，母题几乎都是以中原中心的视角，看待南方粤地这一反人性的陋习，且不是去努力改变它，而是借助于个别性、偶然性的服用极具药效的蛇毒，来试图成为幸运行列中的一员。故事一定程度上体现了小农经济社会个体普遍存在的自私与侥幸的国民劣根性。①

从上述文章中可以发现，中国明清时代出现的围绕于麻风病大同小异

① 王立：《明清小说蛇毒无意中疗病母题与佛经故事》，《上海大学学报》2008年第4期。

的同类型故事，大都是通过“病”与“死”两个人生中极大的消极因素来表现人世间存在“情”。而与之相对，在尾崎红叶的《巴波川》中，美人阿茑献身于青木的目的本就不是通过性行为“过癞”给男性，相反阿茑姑娘由于青木轻率的行为发病而选择投河自尽。这样一来，《巴波川》尽管与中国故事一样，同样借助了“病”与“死”的题材，但最终表现仅止于“性”。这样带有逸闻性的设定，应该是为了满足读者好奇心。

但是，阿茑的麻风病患者标签，对于青木而言，意味着强化了她对于青木的“他者”性。这其中也包含了社会文化的暗喻。永远被拒绝在男性社会之外的阿茑，在这个意味上也是使人恐惧遭人排斥的存在。尾崎红叶描写的就是这一无法被男性社会接受的女性。

结语

本文尝试梳理了尾崎红叶与中国古典文学的联系。一提起古典文学，日本学者容易强调《万叶集》《源氏物语》《平家物语》，而尾崎红叶的作品，先行研究中则频繁被提及的是其与井原西鹤的关联，相比较而言，与中国古典的联系往往被忽视。本文基于这一研究现状，从尾崎红叶日记中的中国相关记述出发，梳理出《游仙窟》《红楼梦》《阅微草堂笔记》等尾崎红叶具体接触过的中国古典作品，更通过考察《巴波川》这类尾崎红叶早期作品与《聊斋志异》《秋灯丛话》之间的种种联系，提出了尾崎红叶文学创作中对中国古典要素借鉴这一课题。汉文学素养极高是明治时代文学者的整体特点，把这一课题作为研究明治文坛之雄尾崎红叶的突破口，是本文的意义之一。尾崎红叶汲取文学营养的古典文学当中，不仅有日本的古典，中国古典文学的存在自不必赘述。特别是凭借现阶段的研究结果可以大胆推测，明清小说的存在绝不可忽视。

在拟古典文学作品中，比起古典文学的“情”与“色”更注重描写的“恋心”，这种描写有时通过人物自身的自述而展开，以此揭示近代女性的恋爱心理。小说描写的是不论恋爱结果如何，女性怀抱“恋心”时的欣喜以及对纯洁爱情的歌颂。把“恋心”置于无上境地，就可以理解《巴波川》中年轻女性决心“赴死”的行为。这也可以形容为不折不扣的奋不顾身的“爱”。在这层意义下，《巴波川》描写了不输于北村透谷恋爱论的恋爱至上主义。除《巴波川》外，尾崎红叶与中国文学的联系散见于其很多作品。此外，尾崎红叶在小说创作中，貌似也将中国明清小说的创作方法运用于自己作品的创作之中，这一现象在尾崎红叶的集大成之作《金色夜叉》中有所体现。比如复杂的人物关系、迂回起伏的情节展开，等等。对于这一课题的考察，另稿再探。

A Study of Ozaki Kōyō's *Uzumagawa* and Chinese Literature Faculty of Japanese Language and Culture of Guangdong University of Foreign Studies

Zhang Xiuqiang

Abstract: Regarding the subject of Ozaki Kōyō's novel creation and his reference to Chinese elements in his works, there are few researches. However, after carefully reading the diary and letters of Ozaki Kōyō, we can find that there are many reading records of Chinese classics. Combing these Chinese elements is of great value for the study of researching the Chinese classics in Ozaki Kōyō's literature. Therefore, this thesis will take Ozaki Kōyō's novel *Uzumagawa* as a specific example to explore the novel creation of *Uzumagawa* and the reference of Chinese elements in *Uzumagawa*. By comparing it with the text of *Hua GuZi* in *Strange Stories From a Chinese Studio*, it can be concluded that Ozaki Kōyō drew lessons from *Strange Stories From a Chinese Studio* when he wrote *Uzumagawa*. In addition, the setting that the heroine is a leper may also be triggered by Guangdong folklore, such as *the leper in the east of Guangdong*. Among the classical literature from which Ozaki Kōyō draws on literary nutrition, Chinese classical literature is an existence that cannot be ignored.

Key words: Chinese elements; reference; *Strange Stories From a Chinese Studio*; Guangdong folklore

文学与文化

《名利场》中的法律秩序和人的异化*

魏军梅**

摘　要：萨克雷小说《名利场》为读者呈现了一个19世纪英国上层贵族和资产阶级尔虞我诈、钩心斗角的名利场，这个名利场本质上是一个建立在私有制法律秩序上无限追逐私人利益的舞台。上层贵族的特权、资产阶级的利益、资产阶级道德都依赖于这个私有制法律秩序的保护。生活在资本主义社会的人们也不可避免地被这个维护私有制的法律秩序所异化。

关键词：《名利场》；私有制；法律秩序；异化

《名利场》是维多利亚时期英国著名批判现实主义作家威廉·梅克比斯·萨克雷创作的长篇小说。《名利场》以两个年轻女子利蓓加·夏泼和爱米丽亚·赛特笠的一生为主线而展开。善良、笨拙、生活在富有家庭中的女子爱米丽亚和机灵、自私、放荡不羁的孤女利蓓加两人都从平克顿女子学校毕业，随后，爱米丽亚的父亲破产，而利蓓加的聪慧美丽得到了克劳莱家族的认可。利蓓加和爱米丽亚都在遭到家庭反对的情况下于1815年结婚，分别嫁给即将参加滑铁卢战役的两名英国军官罗登·克劳莱和乔治·奥斯本。新婚不久，爱米丽亚的丈夫乔治战死沙场，利蓓加的丈夫罗登战后生还并荣升为上校。两个好朋友的命运从此发生了逆转，利蓓加和丈夫在巴黎的上流社会如鱼得水，回国后利蓓加又利用丈夫罗登家族的影响，四处结交权贵，在英国的上流社会招摇撞骗，甚至有幸被国王接见。她利用与斯丹恩勋爵的不正当关系，获得了钱财，还得到了一份任命丈夫

---

* 本文为笔者主持的国家社科基金项目“英国维多利亚时期文学作品中的法律现象研究”（批准号：15XFX004）的阶段性成果。

** 作者简介：魏军梅（1971—　），女，陕西师范大学外国语学院教授，研究方向：英语教学论、文学与法律。

罗登加官晋爵的委任状。而这种不正当的关系引起了丈夫罗登的不满，在撞见利蓓加与斯丹恩勋爵的私情后，盛怒之下的罗登痛打了斯丹恩勋爵。虽然此事得以平和解决，但名誉扫地的利蓓加被斯丹恩勋爵赶出英国，丈夫罗登坦然地拿着妻子利蓓加以屈辱换来的委任状赴任，并实际上遗弃了利蓓加。利蓓加从此命运急转，在欧洲各国开始了流浪生活。但爱慕虚荣的她依然自称贵族在欧洲四处招摇撞骗，一心想跻身于上流社会，但每每被人知道过去的经历后又被大家孤立。后来，利蓓加偶遇爱米丽亚的哥哥乔斯·赛特笠，获得一直爱慕她的乔斯·赛特笠的信任，乔斯·赛特笠死后，她获得一笔数量可观的财产。小说的另一条主线是爱米丽亚，失去丈夫的爱米丽亚一直生活拮据，不得不把儿子交由其外公奥斯本抚养。乔治本是花花公子，但乔治死后爱米丽亚将其作为神灵一样供奉，对深爱着她的威廉·都宾的感情一直回避和拒绝。后来，当从利蓓加处得知乔治过去的劣迹后，终于醒悟，留住威廉·都宾并嫁给他，从此过上了安逸的生活。

《名利场》中所描写的那个时代已经过去了，但小说所呈现的人世间追名逐利、尔虞我诈、见利忘义、世态炎凉的社会样态却依然如旧，因为资本主义社会维护私有制的法律秩序没有变，资本逐利的本性对人性的异化没有变，社会贫富的分化和巨大的阶级鸿沟没有变。这或许就是小说真正的魅力所在。

一　名利场是一个建立在私有制法律秩序上无限追逐私人利益的舞台

建立在生产资料的资产阶级私有制基础上的一切上层建筑都被打上了资产阶级私有制的烙印，无论是作为其观念上层建筑的政治法律思想、道德、艺术、宗教、哲学等意识形态，还是作为政治上层建筑的国家政治制度、立法司法制度、行政制度以及国家政权机构、政党、军队、警察、法庭、监狱等政治组织形态和设施，其目的都是维护资产阶级的私有制。也正是在这样一个在维多利亚时期日益巩固的资产阶级私有制经济基础上建立起的商品社会，对私有财产的法律保护赋予了追求财富动机最大的正当性，人们放心大胆地追求个人财富，虽然使社会财富的总量飞速增加，国家日益富庶，但是对个人财富的疯狂追逐，使得人性中的自私自利被前所未有地激发出来，整个社会充满了对私人利益的追逐，为此可以不择手段。衡量人成功和地位的价值尺度是金钱、是物，人成为金钱的奴隶，人被应该为人所支配的物所异化，整个社会尤其是上层社会成为一个充满铜臭、物欲的名利场，这个“天下熙熙皆为利来、天下攘攘皆为利往”的名利场正是资产阶级私有制法律秩序保护的对象，也是这个法律秩序保护的必然结果，人们在这个无限追逐私人利益的舞台上悲喜哭笑、费尽心机，上演了一幕幕人间活剧。

少男少女正是情窦初开的年龄，心中充满了对神圣、忠贞爱情的憧憬。可是，利蓓加小小年纪就已经在过去的苦难里明白了一个道理，那就是把婚姻当作进入上流社会的跳板，自然，她也就不相信有什么真正的爱情。无数家长和小姐们所做的一切，都是为了提高女孩子吸引男人的素质，无论是优雅的举止、艺术才能的展示、容貌的修饰，都是为了在这个名利场上争取更大的胜算。在这里，小说家走到前台为利蓓加所做的辩护，更加说明了利蓓加的所作所为不仅仅是个人道德出了问题，更是这个为私有制法律秩序所保护的自私自利、冰冷无情的社会出了问题。

“随便什么老太太，银行里有了存款，也就有了身份。如果她是我们的亲戚，我们准会宽恕她的短处，觉得她心肠又软，脾气又好。郝伯斯和陶伯斯律师事务所里的年轻律师准会笑眯眯地扶着她上马车——……”（萨克雷，1957：81）

亲情原本是人类自然、纯真而恒久的感情，在资产阶级私有制法律秩序所维护的现实社会中，亲情也不可避免地被商品经济的价值标准所衡量。小说中，克劳莱一家人对亲戚麦克活脱小姐的来访异乎寻常的热情、周到、谦卑，让读者看到为了得到麦克活脱小姐遗产的克劳莱一家人滑稽而令人厌恶的表演。在一个追功逐利的世界里，一个人有了数量可观的财产，就会处处被人重视，甚至得到亲戚们超规格的礼遇和曲意奉承：克劳莱一家的女眷们不时地为麦克活脱小姐送各种小礼物，做各种手工，以博得她的欢心。家里面跟过节一样，每天都是美食美酒，哪怕自己家的太太、小姐们在冰冷的卧室里挨冻，也要让麦克活脱小姐的房间里温暖如春。大家围在麦克活脱小姐的身边一起奉承她、巴结她，使这个老小姐仿佛成了女王。一切都那么荒唐，但又那么真实。在抽象的法律秩序里，只有“私有财产神圣不可侵犯”的理念，只有“私有财产权”“遗产继承权”，至于各种亲切的称谓和亲情关系只不过是这个供人们追名逐利的舞台上的道具而已。

二　上层贵族的特权依赖于维护私有制的法律秩序

维多利亚时期，资本主义生产关系的统治地位得到进一步巩固，中产阶级登上政治舞台，但土地贵族仍然在政治上处于优势地位，随着土地贵族的资产阶级化，这种优势地位得到进一步巩固。土地贵族不仅在政治生活中拥有更多的话语权，而且他们处在社会的上层，拥有很多特权，在精神上也是整个社会效仿的对象。他们的特权和奢侈的生活得到了资本主义法律秩序的维护。这既是英国资产阶级革命不彻底的结果，也是封建法律制度和资本主义法律制度都把维护私有制作为根本目的这一共通之处的必然结果。一个贵族，只要他仍然拥有土地和财产，就仍然处在社会的上层，仍然是上流社会这个名利场的宠儿，法律仍然保护他的财产、身份、名望、爵位。小说中对斯丹恩勋爵祖上留下的巨额财产的描写很具典型性。正是由于斯丹恩勋爵拥有巨额的财富和特权，他才能出任高官，才能在上流社会呼风唤雨，才能使利蓓加愿意依附于他。正是由于私有制的法律秩序保护着他的财富和特权，他才能够在家庭中享有绝对的权威，过着骄奢淫逸的生活而依然享受尊荣。

上层贵族不仅在经济上拥有巨大的财富，在政治上也享有特权，甚至是腐败的特权。小说中对克劳莱镇的描写中就涉及了英国当时“腐败的选区”这一选举法中的问题。

“到现在女王的克劳莱镇已经不像蓓斯女王在位的时候那么人口稠密，堕落得成了一个所谓‘腐败的选区’。虽然这么说，毕脱爵士却不服气。他的话说得又文雅又有道理，说道：‘腐败！呸！我靠着它一年有一千五百镑的出息呢’。”（萨克雷，1957：59）

“光荣革命”后，英国确立了君主立宪的政体，议会成为政治活动的中心。选举权是一个涉及政治权利的宪法问题，但这一重要问题却没有及时得以解决。议会中的上院由贵族组成，不存在选举的问题。而下院的议员选举中，贵族依然可以稳操胜券。当时英国的议席分配和选区划分仍基本沿用中世纪的方式，选区分为农村选区和城镇选区，称为“选邑”，英格兰各郡产生两名议员，但 202 个选邑中有 125 个是在爱德华一世时期确定的，几百年过去，许多地方已经衰败不堪，成为所谓的“衰败选邑”。然而，不合理的是，所有这些选邑都可以选出两名议员，平均一两个选民就可以选出一名议员。相比之下，像伦敦、米德尔塞克斯这些巨大的选区会有成千上万的选民，它们也选出两名议员。选区这种不合理的分布状况，只能造成一个后果，即选民人数尽可能少，因而选举就容易受到控制（钱乘旦、许洁明，2019：233）。甚至会出现小说中所讲的“腐败的选区”，即议员的名额可由控制了选区的贵族出卖给别的选区的人。当然，由于后来英国新兴资产阶级和无产阶级的持续反对，英国议会改革后逐渐改变了这一不合理的保护贵族选举权和被选举权的法律规定。

三　资产阶级的兴起借助于维护私有制的法律秩序

保护私有财产是维护私有制的核心，对私有财产的所有者而言，对其私有财产有侵犯之虞的不外乎两类，一类是来自以国家为代表的公共权力的侵犯，一类是其他私人主体的侵犯。哪怕在封建时代，英国也没有出现像中国一样强大的王权，封建领主、教士、骑士们与国王始终处于一种微妙的博弈之中，因此，保护封建领主、教士、骑士等封建特权阶层的权利不受国王的侵犯在中世纪的时候就以法律的形式确定下来。著名的1215年《自由大宪章》不仅确立了“王在法下”的原则，而且明确了不经议会许可国王不得随意征税和剥夺贵族财产的相关规定，在后来的资产阶级革命过程中，这些对封建特权阶级权利的保护变成了普遍的“人权”，这就为英国民众特别是新兴的中产阶级防止国家公共权力对私有财产的侵犯提供了基本的法律保护。同时，英国在迈向世界强国的过程中是一个靠商业立国的国家，商人在社会中享有较高的地位，为了保护商品经济的发展，降低交易成本，对新兴工商业资本家的私有财产必须予以比较严格的保护，正是由于对私有财产、契约、知识产权等权利较为充分的保护，才为资本主义生产关系开辟了道路，新兴资产阶级也正是借助于维护私有制的法律秩序才不断在经济上取得统治地位并在政治上参与掌权的。当然，英国财产法的核心是土地法，在前工业化时期，社会的主要财富都直接或间接地来源于土地。由于英国革命的不彻底性，在维多利亚时期土地贵族仍然处于社会权力的顶端，直到1925年的财产法改革以后才真正清除了土地制度中的封建因素，确立了工业革命后符合英国实际的财产关系，为现代英国财产法奠定了基础（何勤华，1999：261）。

在小说中，对爱米丽亚父亲破产的一段描述以及对破产后拍卖其财产场景的描写都非常细致生动。而破产法律制度是为了保护债权人的利益不受更大损害，并使经营不善或无法经营的债务人能够退出经营，以使有限的资源配置到更有效率的经营活动中去。从历史纵深的角度来看，英国破产法发端于1542年。后经多次修改及判例法的不断补充完善，基本适应了简单商品经济和自由资本主义发展的需要。1914年英国又颁布实施新的破产法，并于1926年、1952年和1959年分别颁布了《破产法（修正案）》《破产规则》《破产费用令》，到1976年又颁布了《无偿付能力法》，这一系列的单行法和判例法所确定的规则，构成了现行英国破产法的主干（何勤华，1999：365—366）。在不同的历史时期，英国的破产法秉持的理念不同，维多利亚时期的破产法整体上注重保护债权人利益，对债务人是很严苛的。小说中对拍卖现场的生动描写，也从一个侧面体现出当时债权人优先的法律理念。小说中约翰·赛特笠破产后，法律没有考虑为债务人及其家属留下必要的生活保障，家中的房屋和家具被拍卖偿债，甚至小到日常生活中吃饭用的银匙和银叉都要悉数被拍卖。破产后的爱米丽亚一家人搬入简陋的住处，连酷爱弹钢琴的爱米丽亚也不能把家中这个她最喜爱的财产带走也是一个明证。虽然，这时的破产法注重对债权人利益的保护，甚至对债务人过于严苛，但是，这种对债权人利益的严格保护符合资产阶级私有制法律秩序的基本要求。

为了保障债权人的利益，当时的英国还存在债务人监狱，小说中也描写了利蓓加的丈夫纨绔军官罗登·克劳莱三次进入债务人监狱的情景。罗登·克劳莱还在单身的时候就因欠债被关进债务人监狱，他有钱的姑妈把他救了出来，而第二次因欠债被关进监狱，是利蓓加四处奔波筹钱把他救了出来。第三次他又因欠债被关进债务人监狱，是他嫂子把他救了出来，而满以为他还在监狱的利蓓加在家中与斯丹恩勋爵私会时被回到家中的罗登撞见，罗登盛怒之下痛打了斯丹恩，改变了利蓓加和他的命运。

《名利场》中对债务人监狱的描写与狄更斯小说中所描绘的债务人监狱相比更多地流露出了一些人情味，入狱的当事人的心情也大为不同，这或许与债务人的身份有所不同有关，罗登·克劳莱上校毕竟是一位有身份的军官，况且，监狱知道罗登·克劳莱有能干的妻子和有钱的亲戚帮他还债，所以，并没有为难他，只是增加他还债的压力。维多利亚时期债务人监狱的存在虽然是不文明时代制度的遗存，但这种不人道的制度设计确实能够更好地保护债权人的利益，从某种程度上维护了商品交易的安全，连罗登·克劳莱这样靠招摇撞骗获取钱财的人也不得不乖乖在入狱后找人清偿债务，有效防止了债务人恶意欠债的行为。

四 私有制法律秩序所维护的资产阶级道德

作为社会意识形态的道德，是社会存在的反映，人们归根结底总是从他们阶级地位所依据的实际关系中——从他们进行生产和交换的经济关系中，吸取自己的道德观念。资产阶级道德是建立在生产资料私有制基础上的道德伦理观念和道德实践活动。在资产阶级道德中有他们宣扬的所谓“平等”“自由”“博爱”的道德观念，有他们所提倡的积极进取的冒险精神、强烈的敬业精神以及重视家庭、诚信待人等美德，这是维多利亚时期维系社会道德的正向力量，不承认这些道德观念的积极作用就无法理解维多利亚时期英国经济的富庶、文化的繁荣和社会的相对稳定。但是，我们必须看到，建立在私有制基础上的资产阶级道德有其虚伪性，应该带着批判的态度深刻认识私有制法律秩序所维护的资产阶级道德的局限性。作为批判现实主义大师的萨克雷在《名利场》中正是采取了这种批判的态度去分析资产阶级道德的。

首先，资产阶级的职业道德的基础是谋取更大的利润，在这一过程中，“金钱至上”是其内在驱动力，资本家成功的信条就是“赚钱、赚钱、再赚钱”，为了赚钱可以去冒险、可以成为吝啬鬼，当然也可以无底线地压榨工人的剩余价值。为了获取更高的利润，资本家在扩大市场、改进技术的同时拼命降低成本，导致工人的劳动条件非常恶劣，工资也被压得很低。这样，工人成为任其摆布的“机器”的一部分。厂主常常延长劳动时间并尽可能压低工资，厂主为了更多牟利，大量使用劳动报酬较少的童工及女工。1839 年，在大不列颠的 41.956 万工人中，有 19.2887 万人年龄在 18 岁以下（马克思，1973：479），童工占全部工人数的 46%。他们的状况甚至比在殖民地的奴隶更加悲惨（Trevor，1987：67）：“在大工厂里，1/4 或 1/5 的孩子或者是跛子，或者手足变形，或者由于过分的辛劳，有时因残酷的虐待而变成终身残疾。小孩子很少能坚持 3—4 年而没有严重的疾病，往往过早地死亡。”（Thomas，1993：134）女工也受到不公正待遇，“全日制女工的平均工资大约是男工平均工资的三分之一到三分之二左右”（Hunt，1981：104）。

其次，资产阶级家庭道德的双重道德标准。在生产资料的资产阶级私有制基础上建立起来的社会，其婚姻家庭领域的道德也打上了私有制的烙印。在对待婚姻问题上，虽然纯真的爱情令人赞叹，但很多人却想让婚姻和商品交易一样有利可图。小说中，纨绔子弟乔治·奥斯本的父亲反对他与已经订婚的破产家庭的爱米丽亚结婚，强迫他与相亲的姑娘施瓦滋小姐结婚，目的是获得财产，财富在婚姻关系中占据着重要的地位。

老头儿嚷道："这样肉麻的话，全是胡说八道，假惺惺，少跟我来说。我家里的人，可不准跟叫花子结婚。你现在只要一开口就能得八千镑一年的进款，你要扔掉这么好的机会也由你，不过请你卷铺盖离了我这儿就是了。干脆一句话，你到底听我的话还是不听我的话？"（萨克雷，1957：203）

乔治·奥斯本赌气和爱米丽亚迅速结婚，但婚后，面临经济的拮据，他又立即后悔了。本质上，他和父亲并没有区别，只不过他更注重享乐、爱慕虚荣，又容易冲动。而他的父亲则老于世故得多，他代表了资产阶级主流的婚姻观念，当然，也不能说当时的人们不向往纯真的爱情，和任何时代一样，婚姻和爱情是一个在物质享受和精神追求之间难以抉择的选择题，维多利亚时期的人们也不例外。

最后，更重要的是，资产阶级家庭道德的双重道德标准体现在对两性不同的道德要求上。维多利亚时期对女人的道德要求保守而严格，流行的中产阶级的道德观念中，妻子应该依附于家庭和丈夫，成为甜蜜的"家庭天使"。小说中描写的爱米丽亚在丈夫乔治·奥斯本战死后依然为他守寡和抚养儿子，奉行着维多利亚时期的贞洁观。连维多利亚女王本人也是这种贞洁观的代表，她本人就非常反感寡妇改嫁。中产阶级妇女没有独立的经济地位，介于玩偶和主妇之间，她们不可能也不愿出去工作，不得不屈从和依附于男人。父亲破产、丈夫阵亡后，爱米丽亚失去了生活来源，被迫将儿子送给公公抚养，忍受着母子分离的痛苦，直到她与都宾结婚，才摆脱了贫困。小说中，毕脱爵士的第二任妻子遭受丈夫的虐待而不敢反抗，斯丹恩勋爵家的女眷们不得不看丈夫和公公的眼色行事，当斯丹恩勋爵要求她们邀请自己不喜欢的利蓓加来家做客时，她们微微表示异议就遭到勋爵的训斥而噤若寒蝉。在《名利场》里，资产阶级的小姐、太太们表面风光，在体面生活之下是经济地位的低下，她们甚至终身都被局限在狭小的家庭领域，处于一种法定被奴役的地位，无所事事，缺乏自信、自尊，空虚萎靡，在精神上受到更多的压抑。

五 私有制法律秩序对人的异化

《名利场》中，萨克雷笔下的人物个个栩栩如生，人们在评价这些人物性格和行为的同时，定会对这些人物命运背后的社会根源进行反思。在这个充满名利、私欲、虚伪、欺骗和斗争的舞台，每一个人的命运都仿佛被一种无形的力量所左右，想要进行自由的选择但最终都会被这种无形的力量所影响。这正如小说结尾时对戏台的描写所暗喻的那样："唉，浮名浮利，一切虚空！我们这些人里面谁是真正快活的？谁是称心如意的？就算当时遂了心愿，过后还不是照样不满意？来吧，孩子们，收拾起戏台，藏起木偶人，咱们的戏已经演完了。"（萨克雷，1957：658）其实，在名利场上的那些个角色哪个不是像牵线木偶，被无形的力量左右着做出了命运的选择。决定这些人物命运的社会力量就是建立在资本主义私有制基础上的社会制度，资本逐利的本性不外乎是这个私有制条件下人贪婪本性的外化，资本主义社会运行的基本逻辑就是资本的逻辑，就是追逐私利的逻辑，这一资本的逻辑所主导的法律秩序必然作为一种外在的力量异化了名利场上的人们。

其一，利蓓加——一个被名利异化了的女人。小说中最吸引人的角色就是利蓓加了，萨克雷花费了最浓厚的笔墨刻画了利蓓加这一形象，她出身贫寒却野心勃勃，一心要步入上流社会，过上穷奢极欲的生活。从这个角度看，萨克雷是对她持批评态度的，但同时又对她充满了同情。在贫富悬殊的维多利亚时期的英国，身为孤儿的她没有任何依靠，她只能依靠自己的坚毅、聪明，以及能够迷住上流社会男人们的美貌和艺术才华。她工于心计，却能够洞悉人性，对于那个爱米丽亚终身幻想膜拜的花花公子乔治·奥斯本，她一眼便看出了他纨绔子弟的本性。虽然，都宾不喜欢她，蔑视她的自私虚伪和轻浮放荡，但她知道都宾是一个真正有道德、有担当、懂得爱的绅士，在都宾将要放弃爱米丽亚的时候，她能够向软弱糊涂的爱米丽亚说明真相，使爱米丽亚挽回了都宾的爱。从这一点来看，利蓓加身上还存有人性的光辉。她之所以变成了一个道德的反面角色，是因为自身的贫穷、爱慕虚荣，更是由于这个无限追逐私利的社会，更是由于她很小就看到了资本逻辑主导下的社会中金钱和权力的重要性，所以，她为了得到这两样东西的庇护而不择手段。当然，这个维护私有制的法律秩序也蒙蔽了她的良知，使得她变得自私、虚伪，以至于流亡欧洲也要把自己装扮成一个高尚的贵族。所幸的是，利蓓加在生活日渐窘迫的时候遇到了乔斯·赛特笠，赢得了他的信任，因而，乔斯·赛特笠去世前将利蓓加指定为寿险的受益人，使利蓓加如愿以偿，最后才能过上高尚贵族的生活。这个聪明的女人一辈子都试图用美貌和才艺去诱惑男人，并从中得到名利，她确实也成功了。但在不知不觉中，她已经被这个私有制法律秩序掌控的名利场异化为一个失去初心的女人。

其二，爱米丽亚——一个被虚伪道德异化的“家庭天使”。小说中的爱米丽亚是另外一条叙事的主线，然而，这个符合维多利亚时代中产阶级道德观念标准的“家庭天使”却命运坎坷。和父亲争吵而一气之下离家出走的纨绔子弟乔治·奥斯本，在好友都宾的安排下与深爱着他的爱米丽亚结婚。婚后，这个公子哥很快就后悔了，由于忤逆自己的父亲而被取消继承遗产的权利和父亲的供给，他责备好友都宾让他变成了穷光蛋。在滑铁卢战争前夕，这个花花公子竟然企图抛下自己的新婚妻子去勾引利蓓加私奔。他战死后，爱米丽亚却像神灵一样把他供奉在心目中最高的位置，并为他守寡和照顾刚出生的孩子，在这期间，深爱着爱米丽亚的都宾一直暗中照顾她们母子。后来，由于生活艰辛，无法给孩子好的生活条件，被迫把孩子交给公公抚养，从而得到与赛特笠家族交恶的奥斯本家的资助，在屈辱中生存。后来，由于爱米丽亚遵守维多利亚道德行为最终感动了公公奥斯本先生，在公公去世后得到遗产的一部分，生活才有所改善。对于都宾的深情，爱米丽亚始终拒绝，仍然愚蠢地坚信着自己的幻想而为那个不值得的花花公子守寡，当终于被消磨完情感和耐心的都宾准备离开爱米丽亚时，在利蓓加告诉当年乔治·奥斯本的劣迹后，幡然悔悟的爱米丽亚回到了都宾身边，但小说暗示，一切没有想象中那么美好。在离开爱米丽亚时都宾的一番表白说明了，都宾终于明白了爱米丽亚是一个怎样的人。

威廉忧郁地说道：“……这十五年来我一直爱你，护着你，这点儿意思还猜不出来吗？……可是对于我的深情却无动于衷，不能拿相称的感情来报答我。如果换了一个慷慨大量的女人，我一定已经赢得了她的心了。你配不上我贡献给你的爱情。……”（萨克雷，1957：640）

这是小说中最精彩的告白，是最深刻和富有哲理的地方，一向被人们认为是维多利亚时期道德化身的爱米丽亚，在同都宾多年的消磨中，让都宾看到了这个典型的中产阶级颂扬的“家庭天使”的软弱、依赖、无知和自私。小说中，萨克雷很少从否定的角度描写爱米丽亚，她总是把善良、柔弱、优雅的形象展现给读者，使读者在无限的爱恋和同情中丧失了对这个浅薄的中产阶级道德所美化的“傻白甜”的“家庭天使”的辨别力。爱米丽亚的遭遇是悲惨的，虽然最后给了她一个看似完美的结局。但是，爱米丽亚从始至终只不过是私有制法律秩序下资产阶级道德的牺牲品。都宾虽然最后与爱米丽亚结合，但爱米丽亚仍然是一个这样的人，一个被私有制法律秩序下资产阶级道德异化了的“家庭天使”。

其三，罗登·克劳莱和乔治·奥斯本——被私有制的法律秩序异化了的堕落者。罗登和乔治分别是利蓓加和爱米丽亚的丈夫，这两个人的共同之处有很多，他们都是军官，都是花花公子和纨绔子弟，都上了战场打仗却不是为了爱国而是为了获得利益和地位。所不同的是，罗登活得长些，有足够的时间展现他人性中的弱点，而乔治年纪轻轻就战死，失去了更多展现他堕落本性的机会。他们都想不劳而获，通过军阶的晋升获得更多的金钱和荣誉，都喜欢打牌赌博、勾引女人，以至于罗登三次被抓进债务人监狱，而乔治在这方面的花销都由父亲承担，和父亲闹翻后他立即后悔与爱米丽亚结婚，主要还是因为经济上被断了来源。他们看上去都很重视荣誉，但新婚不久的乔治就能在肉欲的驱使下勾引妻子的朋友私奔，而罗登在发现妻子利蓓加与斯丹恩勋爵私通后痛打斯丹恩，发誓要雪耻，但是，面对妻子为他向斯丹恩勋爵求来的官职时，他却坦然接受了。这两个纨绔子弟都一样的思想腐化、自私自利、利欲熏心，他们都是被这个人人无限追逐私利的社会毒化的青年，在私有制法律秩序之下，他们的人格、思想乃至可怜的尊严都被异化了。

其四，约翰·奥斯本——被私有制的法律秩序异化了的狠心商人。乔治·奥斯本的父亲、爱米丽亚的公公约翰·奥斯本先生是一个成功的商人。在爱米丽亚父亲约翰·赛特笠没有破产以前，两家关系密切，还定了爱米丽亚和乔治的婚约。但是，当约翰·赛特笠破产后，约翰·奥斯本成为债权人会议上对约翰·赛特笠最为残忍苛刻的人，他还单方面宣告解除两家的儿女婚约，表现出一个势力而精明的狠心商人“应有”的素质。在逼迫儿子乔治与其他女子结婚的命令受到挑战后，父子闹翻，狠心的父亲取消了儿子的遗产继承权、断绝了对儿子的经济供应。当儿子战死，守寡的儿媳生活拮据的时候，他乘机以给儿媳爱米丽亚经济资助为条件得到了孙子的抚养权。后来，在临终前，看到儿子战死前写给他的悔过信，在都宾的斡旋下，修改了遗嘱，给爱米丽亚分得一部分遗产。老奥斯本的一生是一个典型的英国商人的写照，精明、敬业、吝啬，在老朋友、未来亲家破产时令人寒心的表现充分展现出这颗被私有制法律秩序异化了的心有多硬。

“债权人会谈的时候，他对赛特笠的态度又狠毒又轻蔑。把那身败名裂的人气个半死。奥斯本立刻禁止乔治和爱米丽亚往来，一方面威吓儿子，说是如果他不服从命令，便要遭到父亲的咒骂，一方面狠狠地诋毁爱米丽亚，仿佛那天真的小可怜儿是个最下流最会耍手段的狐狸精。”（萨克雷，1957：169）

和无数维多利亚时期的英国工商业经营者一样，约翰·奥斯本要在这个竞争激烈的市场上生存，就必须变得残忍和冷血，还要学会精于算计，否则，就会被别人算计，一切都要遵循资本运行的逻辑。在资本运行逻辑支配的私有制法律秩序下，资产阶级自身也成为资本的奴隶，实际在精神上也被异化了。

参考文献

Hunt, E. H., *British Labour History* 1815-1914, *Atlantic Highlands*, New Jersey: Humanities Press, 1981.

Thomas, B., *The Industrial Revolution and the Atlantic Economy*, London: Routledge Press, 1993.

Trevor, M., *An Economic and Social History of Britain* 1760-1970, New York: Longman Press, 1987.

褚菁玉：《从〈名利场〉看英国文学作品的语言风格》，《语文建设》2017年第12期。

范馨悦：《〈名利场〉中主人公悲剧命运的女性主义解读》，《文艺评论》2014年第5期。

何勤华：《英国法律发达史》，法律出版社1999年版。

［英］罗伊斯顿·派克：《被遗忘的苦难——英国工业革命的人文实录》，吴宣豪等译，福建人民出版社1983年版。

［德］马克思：《资本论》（第一卷），人民出版社1973年版。

钱乘旦、许洁明：《英国通史》，上海社会科学出版社2019年版。

［英］萨克雷：《名利场》，杨必译，人民文学出版社1957年版。

孙艳萍：《铸造有良心的民族语言与文化——评萨克雷小说〈名利场〉》，《外国文学研究》2018年第4期。

涂靖、谢梦：《微观言语行为与典型人物塑造——〈名利场〉女主人公蓓基形象分析》,《外语学刊》2006 年第 6 期。
谢辉:《〈名利场〉中的比喻及其人物创造》,《郑州大学学报》(哲学社会科学版)1998 年第 2 期。
赵文娟:《萨克雷〈名利场〉中的女性形象略谈》,《语文建设》2015 年第 20 期。
张薇薇:《〈名利场〉中的讽刺艺术再探》,《语文建设》2016 年第 7 期。

An Analysis of the Legal Order and Human Alienation in *Vanity Fair*

Wei Junmei

Abstract: *Vanity Fair*, a novel by Thackeray, presents readers with a world full of intrigue and cheating among the upper aristocracy as well as the bourgeoisie in England in the 19th century, which was essentially a stage for pursuing unlimited private interests on the basis of legal order maintaining private ownership. Therefore, the privileges of the upper aristocracy, the interests of the bourgeoisie and the morality of the bourgeoisie were all protected by the legal order safeguarding private ownership and at the same time people living in capitalist society were inevitably alienated by the legal order.

Key words: *Vanity Fair*; Private ownership; Legal order; Alienation

《印度之行》与《射象》殖民者形象塑造的比较研究

冯红变　杨　安*

摘　要：同处资本主义与殖民主义蓬勃发展的英国，爱德华·摩根·福斯特与乔治·奥威尔深感阶级社会的虚伪与国内外社会矛盾的激烈。他们的作品多以殖民主义和持续激烈的纷争为背景，以敏锐的洞察力和高超的写作技巧揭示社会的黑暗，亲身感受殖民地人民悲惨生活的经历，直接触发了他们对于殖民问题的抨击。本文通过分析其代表作《印度之行》与《射象》中所塑造的殖民者形象特征以及人物塑造方式的异同，探索两位作家作为新一代知识分子对于殖民问题的思考与态度，揭示文学作品在价值观传递及社会影响中的现实意义。

关键词：殖民者形象；《印度之行》；《射象》；塑造方式

同处资本主义高度发展，且被粉饰为完美的至尊英国，爱德华·摩根·福斯特与乔治·奥威尔深感阶级社会的虚伪与国内外社会矛盾的激烈。他们以敏锐的洞察力挖掘现实世界的问题，化作品为批判的工具，并以犀利的笔触表达对陈腐资产阶级、罪恶殖民主义的厌恶，同时也流露出对英国前途的担忧，深切体现了两位现代主义小说家的社会责任感。其中，被称作“一代人的冷峻良知”的奥威尔由于其深刻的思想观念与坚定的政治信念，福斯特因其殖民主义与反殖民主义结合体的“双重性”身份，吸引了众多研究者的目光。

《印度之行》与《射象》是两位作家亲身领略过惨绝人寰的殖民地生活后深受震撼，有感而发完成的作品，对于揭露当时的殖民活动具有重要

---

* 作者简介：冯红变（1970—　），女，陕西师范大学外国语学院副教授，研究方向：外国语言学与应用语言学及英汉对比；杨安（1996—　），女，陕西师范大学（外国语学院）硕士在读。

意义。其中福斯特的小说《印度之行》自发表以来一直受到研究者的青睐，已经积累了丰硕的研究成果，这些研究往往采用东方主义、殖民主义或后殖民主义等视角分析其宗主国意识、反殖民意识或其复杂的双重身份。福斯特究竟是一个反殖民主义者还是一个殖民主义者？对于这一问题的探究经久不息，不同的学者也给予了不同的解释。例如，顾奎（2012）等学者倾向于认为，福斯特虽在一定程度上对殖民地人民表达了同情，但他作为宗主国作者，长期受东方主义熏陶，其作品无法完全摆脱帝国主义意识进行客观书写，因此会无意识地流露出对其祖国、对自我的优越感以及对被殖民者的不屑与歧视。也有一些学者认为，福斯特代表了当时先进的知识分子，他有良知、思想醒悟，以文学的方式“平静地”向世人揭示了被殖民者遭遇的不公甚至野蛮的待遇，质疑残暴殖民与阶级剥削，并表达了对殖民者的蔑视以及对入侵的反对态度，主张这一观点的代表性学者有杨汨、朱望（1998）以及张春梅（2020）等。另外，曲静、张荣美（2012）等一些学者持比较中立的观点，认为福斯特的身份具有复杂性和双重性，无法完全一分为二地判定其属性。

而对奥威尔作品的关注则多集中于其政治讽刺小说《动物农场》和《1984》，对于散文《射象》的关注相对较少，且为数不多的个别研究也多集中于对其文体特征的分析。学者李巧丽（2011）曾借助评价理论与功能文体学，以句式“I was…”为出发点来探究小说主人公的心声；再有王旭霞、金媛（2020）的文体学分析认为这部作品对彰显奥威尔简明犀利的写作风格以及凸显其反殖民主义的主题起到了重要作用；此外，李英（2014）也曾对这篇文章中的象征意蕴进行分析，认为此手法对于揭露帝国主义压迫与表达作者观点方面有重要作用；学者于洋（2018）也曾借助有关焦虑的论述以及拉康的逻辑时间概念重新解读了这篇散文。就目前对这篇散文的研究成果来看，这部作品的文学价值还有很大发掘的必要。

在这一众研究中，有一些研究已注意到人物形象及人际关系在故事构成、情感表达以及文化属性传递中的重要作用，但对于《印度之行》与《射象》中人物形象的比较研究目前仍鲜见。因此，基于两部作品在创造背景、写作意图等的相似性，人物形象在作品中的重要性及两位作者对殖民活动态度的争议性，本文选取杨自俭、董乐山对《印度之行》及《射象》的译本为研究文本，以这两部作品中殖民者形象为切入点，通过分析所塑造殖民者形象的特征以及殖民者形象塑造方式的异同，挖掘作者的创作目的以及企图通过作品传达的价值观。

在殖民活动的大背景之下，殖民者是其中重要的构成元素，在故事情节推动、传情表意中都起着不可或缺的作用，经过分析可将两部作品所刻画的殖民者形象大致分为负面的与反思的两大类，此部分将以作品中的具体表现为依据来探究塑造此类形象的意义。

一 负面的殖民者形象

不论是从作者视角还是被殖民者视角，殖民者形象在两部作品中往往以负面形象出现，他们体现出暴虐凶残、位高权重等特点，无情压榨被殖民者，使其生活处在一片阴影之中。通过殖民者负面形象的塑造，可以体现出殖民统治的残忍和血腥，从侧面反映出作者对被殖民者的同情以及对殖民主义的反对。

首先，作为资源和文化的掠夺者和破坏者，殖民者对被殖民者的身心都造成了严重的伤害。被殖民者被视为奴隶，在恶劣的生活环境中乞求生存，除了需要承担艰苦的体力劳动，还需面临被惩罚、处死的风险，选文便呈现了殖民者对待被殖民者时所呈现出的典型的残忍的殖民者形象。

> （1）可怜巴巴的犯人给关在臭气熏天的笼子里，长期监禁的犯人面有菜色的脸，被竹杖鞭打后疤痕斑斑的屁股——这一切都使我有犯罪的感觉。（董乐山，p. 37）
>
> （2）对本地人，我们最仁慈的做法就是让他们死亡。（杨自俭，p. 25）

不论是对被殖民者所谓“犯人”的称谓，还是“臭气熏天的笼子”“鞭打”“死亡”等令人毛骨悚然的待遇，都展示了被殖民者时刻被恐怖殖民所笼罩、被威胁的艰难的生存条件，读者对于被殖民者糟糕境遇的切身感知，可以激发其对被殖民者的同情，同时触发对残暴殖民的抵触。如果说这仅是对身体的伤害，那更可怕的则是对被殖民者内心的践踏，长时间的摧残使被殖民者对本民族宗教及文化的骄傲被无情消磨，他们在思想上投降，习惯于被奴役，这都是殖民带来的悲哀后果。

其次，来自资本主义高度发达的“文明”国度的这些上层人士们，在殖民地并没有表现出他们所谓的优良教养，相反他们势利、不友好、趾高气扬，鲜活地体现出殖民者傲慢无礼的特点。例如，在《印度之行》中，曾“受过良好教育”的英国女士在未经允许的情况下将阿齐兹的马车当作上帝赠予的礼物随意开走使用，还污名马车主人阿齐兹为傻瓜，对其的热心帮助置之不理。此外，不熟悉殖民地阶级生活的摩尔夫人在邀请阿齐兹去参加派对时，才发现即使作为客人印度人也不得进入俱乐部，这都是殖民者以优越感将他们与印度人区分开来的证据，体现出他们对被殖民者的蔑视。

再次，凭借武器和霸权强占殖民地的殖民者们，善于以肤色、语言、职业等宣告他们的话语权与无上的权力，体现出殖民者权力加身、肆意妄为的形象。无论何时，也无论是武装完备的官职人员，还是“普通”人，这些殖民者似乎都专横霸道，因为殖民者的光环会永远维护他们，“正义”也只会为他们发声。在作品中，不论是凭借被性侵幻觉和一句“恐怕我搞错了”便能轻易将无辜的阿齐兹医生定罪又洗脱罪名的阿德拉小姐还是乐于消遣阿齐兹的上司，都是殖民者权力加身的体现，不需要任何理由，也没有调查与真相，殖民者的话便是终极真理，是定夺一切的根本依据，这便是权力的“便利性”，而权力底层的被殖民者们，只能默默承受。

最后，作品还塑造出深受被殖民者憎恶的殖民者形象。处于被压迫的殖民环境之中，被殖民者往往受到毫无人性的对待，家破人亡、生活境遇凄惨，对于侵占自己家园的敌人们他们势必深恶痛绝，有些被殖民者敢于用行动直面压迫、反抗，勇于直接抒发对殖民者的憎恶之情，也有些碍于权势，仅以隐秘的方式间接表达其不满情绪。

> （3）但是要是有一个欧籍妇女单身经过市场，就有人会对她的衣服吐槟榔汁。作为一个警官，我成了明显的目标，只要安然无事，他们总要捉弄我。在足球场上，会有个手脚灵巧的缅甸球员把我绊倒，而裁判（又是个缅甸人）会装着没瞧见。（董乐山，p. 30）

选文中，被殖民们表面上假装恭敬、顺从，实际上他们心里对殖民者的厌恶溢于言表，但迫于生存，无力反抗的他们只能在背后一吐为快，以一些无关痛痒的小举动发泄他们的不满之情，因为一旦被残暴的殖民者知道他们的忤逆，又免不了遭受残忍的折磨。

总的来说，这两部作品所塑造的殖民者是残忍傲慢的、权力加身的、深受被殖民者憎恶的形象，通过这样负面的人物形象塑造以及列举殖民主义给殖民地、殖民地人民带来的恶劣影响，作者直接表达了对被殖民者的同情及对殖民主义的不认同。

二 反思的殖民者形象

不论是《印度之行》中试图与印度人民“联结”的摩尔夫人与阿德拉小姐的形象，还是《射象》中的殖民地警察形象，都是作者精心雕琢的角色，在一定程度上是其自己的化身，代表着殖民者中尚有良知的人。

作为殖民者，他们目睹或直接参与罪恶的殖民统治，深切体会被殖民者的悲惨境遇，对黑暗人性的亲身体验使得这些幡然醒悟的殖民者们试图冲破重重阻碍，向被殖民者展示他们的同情与关怀，企图和谐共处，同时也表达了他们对殖民掠夺的厌恶以及对和谐、和平的追求，作品中勇于对殖民统治进行深刻反思的殖民者形象也深入人心。

> (4) 我扣扳机时，没有听到枪声，也没有感到后坐力——开枪中的你总是不会感到的——但是我听到了群众顿时爆发出高兴的欢叫声。(董乐山，p. 42)

选文中殖民地警察“我”于心不忍但无奈必须射杀大象的心理活动与围观被殖民者们的“高兴欢呼声”形成鲜明对比，凸显出被殖民者对待生命的冷漠和自我意识的缺失，仿佛这一切仅是个闹剧，丝毫没有意识到一条生命正在流逝，这让这位殖民者意识到被殖民者心理的病态，他认为这一切都要归咎于残忍的殖民统治对当地人民精神的荼毒和无情的迫害，才导致被殖民者残酷无情、麻木不仁。这是作者对人性的反思、对殖民统治的反思，同样也表达了对被殖民者的同情与惋惜。

此外，作品中还塑造了这样一类殖民者形象，他们清楚了解殖民活动的勾当，怀着对爱、和谐以及正义的追求，对被殖民者表示同情与理解，默默保护着可怜的被殖民者们，为他们发声与申辩。

> (5) 假如你在教堂里要求一个穆斯林摘下他的帽子，你不希望

摘下他的帽子，你不希望他听你的话吗？（杨自俭，p. 30）

当作为殖民者的法官儿子朗尼在得知自己高贵的母亲曾被底层人阿齐兹医生“大声斥责”时，他暴跳如雷、生气得仿佛失去心智，哪怕听了摩尔夫人的解释，他也依旧粗暴地指责这个以下犯上的印度人。实际上，他企图维护的不仅是作为长者的母亲的尊严和地位，更多的是殖民者和统治阶级的权威，他不允许有任何人挑战和践踏这种权威。这时理智、善良的阿德拉小姐企图为阿齐兹医生辩护，希望他人换位思考，尊重阿齐兹医生的信仰，但从后文仍可看到朗尼对这种“荒谬的观点”嗤之以鼻，可见愿为被殖民者主持公道的人占极少数。

（6）——哦，他还跟你说了这种事情，是吗？卡伦德少校将会对此很感兴趣。我想知道他说这话的目的是什么。

——朗尼，朗尼！你绝对不能把这话传给卡伦德少校！（杨自俭，p. 31）

另外，当摩尔夫人无意中透露出阿齐兹医生对卡伦德夫妇的不爱戴时，她感受到了朗尼语言上的威胁，为避免给友好的阿齐兹医生招来灾祸，摩尔夫人立即向朗尼求情，乞求不将此事告知少校。可以看出摩尔夫人也在一定程度上理解、同情被殖民者卑微的处境，在努力与他们和谐相处。

在罪恶的殖民活动之中，反思的殖民者形象宛如一股清流，与当时的殖民大背景形成鲜明对比，不断冲击着人们的价值观念，这种形象间接地揭露了殖民统治残暴程度之高，以至于殖民者自身都开始反思、为被殖民者伸张，从侧面表达出对被殖民者的同情、对殖民统治的反对以及对正义的呼唤。

三 殖民者形象塑造方式探究

人物塑造对构建完整故事以及凸显作品主题都有着巨大的辅助作用，《印度之行》与《射象》中殖民者塑造方式既有相同点，也有不同点。其中细节描写以及直接与间接相结合的描写方式出现频率较高，这对提升语言表达的层次性和丰富性起到了重要的推动作用；而两作品在叙述视角上又有显著差异，其中《射象》以第一人称、《印度之行》主要通过第三人称展开叙述，这也使得两部作品在叙述风格及情感表达的程度上有较大不同。

（一）塑造方式的相似性

细节描写是一种善于用细腻的方式，将复杂的事物从多个层面进行剖析，使得读者在阅读时能够感受到一个饱满的、生动的文本，是作品不可或缺的组成部分。《印度之行》与《射象》对细节的把控力令人叹为观止，这一手法在人物塑造方面也有体现，主要表现在对人物的心理、语言、动作及神态的描写，通过塑造一个个活灵活现的人物，使读者更了解其性格、社会关系及价值观念等，这对故事的完整叙述以及主题揭示等都有重要作用。

(7) 它把成捆的野草拔下来，在双膝上拍打，打干净了以后就送进嘴里。(董乐山，p. 40)

从选文对动作的细节描写可以看出当殖民地警察“我”真实看到这头曾狂躁不安、具有攻击性的象时，它已完全恢复平静，正在安详地进食，因此已经没有非得射杀的必要。但迫于围观群众的舆论压力与其工作的要求，不能懦弱的他必须要射杀这头能带来巨大劳动价值的“巨型机器”，凸显了“我”内心的矛盾与不舍以及殖民工作带给他的痛苦。

(8) 两位都是女士，阿齐兹脱帽表示敬意。前面的一个穿着晚礼服，匆匆瞥了阿齐兹一眼，又马上本能地转过脸去。(杨自俭，p. 14)

此处选文的细节描写使得阿齐兹医生的恭敬与上流社会女士的傲慢形成鲜明对比，凸显了以他为代表的被殖民者悲惨的社会地位，他们被厌恶、忽视，给他们的自尊心带来了极大的打击和伤害，这也为后文阿齐兹医生在清真寺偶遇摩尔夫人的情节做了情感上的铺垫。

另外，直接与间接描写相结合的写作方式在作品中也有广泛使用，借助这种手法可以使文章更加丰富，具有层次感，增加读者的阅读兴趣和对作品的理解。

(9) 因为那时我已认清帝国主义是桩邪恶的事，下定决心要尽早辞职滚蛋。(董乐山，p. 37)

通过语言的直接陈述，可以判断出作为一名殖民者警察，“我”认为帝国主义是邪恶的事情，并且迫不及待地想要远离，这种直接抒情便于作品彰显反帝、反殖民主题，引发读者共情，同时发挥文学作品在实现情感共鸣和价值观传递中的作用。

(10) 这小城沿着河岸伸展了几英里长，河岸和小城随便堆置的垃圾简直无法区分……这儿街道鄙陋，寺庙冷清……（杨自俭，p. 3）

(11) 从这儿来看，昌德拉普尔却完全像另一个地方，简直就像一座花园之城。(杨自俭，p. 4)

对环境的直接与间接描写凸显出殖民者与被殖民者居住环境上的巨大差异，从侧面烘托出被殖民者悲惨的生活条件、卑微的社会地位以及殖民活动给此处带来的毁灭性的影响，同时表达对被殖民者的同情。

（二）塑造方式的差异性

两部作品在人物塑造上最显著的差异便是叙述视角的不同，而这恰好造成了两部作品风格的迥异，《射象》以第一人称直抒胸臆，彰显了奥威尔较为坚定的反殖民态度，而《印度之行》以第三人称视角叙事，作品中虽刻画了多位有反殖民意识的角色，表达了他对反殖民的美好愿望，而他自身的态度并未明确表达，这也印证了以往研究所体现的他身份的双重性。

在散文《射象》中，作为一名殖民地警察，作者采用第一人称视角，从殖民者角度出发详细描绘了一次射杀大象的经历。这种引领式的写作方式使得读者身临其境、融入逼真的殖民地情景，也便于作者对自身语言及心理的细致描述，从而表达内心的真情实感，同时唤起读者的强烈共鸣。在此作品中，虽然“我”本是殖民者中的一员，但“我”深切意识到殖民的罪恶与肮脏，想要迫不及待地摆脱这份工作，远离残暴的殖民活动，但“我”无助、内心挣扎与矛盾，因为作为一名“打工仔”，他只能无奈承受工作带给自己的痛苦，这样的欲望与决心恰恰彰显着“我”内心深处的正义与人性。

与《射象》相比，《印度之行》以第三人称视角更加全面地揭示了殖民者与被殖民者间的关系，在此作品中殖民者形象不仅存在于作者对其的直接描述中，更从侧面体现在被殖民者的言语、情感和态度中。作者没有直接表达对殖民者的厌恶，却通过被殖民者揭露自身惨痛经历的形式，使读者获得一个更加全面、饱满的殖民者形象，引起读者的情感共鸣，深切感受到殖民主义以及殖民者给这些人带来的深切的伤害。

结论

通过分析可发现两部作品中的殖民者形象主要体现出负面性及反思性两种特征。不论是福斯特在《印度之行》字里行间所暗示的殖民者与被殖民者在权力、社会地位及生活境况等的悬殊差异，还是《射象》中作为殖民者警察的“我”在文中直抒胸臆所展现的对于“殖民主义”复杂的情感，都传递了对惨遭殖民压迫人民的遗憾和同情，这也直接或间接地体现了以这两位学者为代表的一众有良知、有思想、有正义感的群众对黑暗资本主义以及罪恶殖民活动所持的消极态度。

同时就人物形象塑造方式来看，最为突出的是两部作品在叙述视角上的巨大差异，印证了当前研究者以及读者对奥威尔及福斯特的评价，对于揭露作品政治立场与价值观念的不同态度有重要作用。奥威尔被视作一位坚定的反殖民主义者，哪怕作为殖民国的一员他也不惧权威，语言犀利，其作品《射象》中也敢于以第一人称“我”直接表达对殖民主义的憎恶和坚决反对；而作品《印度之行》中殖民者形象的塑造方式也印证了福斯特“双重性”的特点，一方面，他所塑造的殖民者残忍、傲慢，对被殖民者造成了身心双重的摧残，的确间接地体现了他对于被殖民者的同情；另一方面，他的表达方式更加含蓄内敛，恶劣的殖民者形象多出自被殖民者视角，通过被殖民者的主观感受表达自己对殖民主义的不赞同态度，这虽展示了他炉火纯青的创作技巧，但也使得他反殖民的观点不那么明朗。

此分析印证了人物形象对于作品情感、价值观传达的关键作用，但仅以一部作品入手来判定一位作家的态度难免有以偏概全的可能，今后的研究可以综合分析两位作家的更多作品，以弥补这一遗憾。

参考文献

董乐山：《射象》，《世界文学》1986年第4期。

顾奎：《〈印度之行〉的后殖民主义研究》，《世界文学评论》2012年第2期。

李巧丽：《评价理论在乔治·奥威尔〈射象〉文本分析中的运用》，《沈阳农业大学学报》（社会科学版）2011年第2期。

李英：《象征主义手法在〈猎象记〉中的运用》，《青春岁月》2014年第21期。

曲静、张荣美：《〈印度之行〉的反殖民主义意识与殖民主义意识解读》，《世纪桥》2012年第5期。

王旭霞、金媛：《散文〈射象〉的文体学分析》，《英语广场》2020年第23期。

杨汨、朱望：《论〈印度之行〉的反欧洲民族中心主义观》，《国外文学》1998年第3期。

杨自俭：《印度之行》，译林出版社2003年版。

于洋：《殖民主体的诞生——对〈射象〉及其他缅甸文本的拉康式解读》，《国外文学》2018年第2期。

张春梅：《〈印度之行〉中殖民意识的悖论性研究》，《集美大学学报》（哲学社会科学版）2020年第2期。

A Comparative Study on the Colonist Images in *A Passage to India* and *Shooting an Elephant*

Feng Hongbian, Yang An

Abstract: Both living in Britain which is under the great influence of capitalism and colonialism, E. M. Foster and George Orwell are deeply aware of the hypocrisy of class society and the fierce contradictions at home and abroad. Their works are mostly based on colonialism and continuous fierce disputes and reveal the darkness of society with keen insight and superb writing skills. The witness of the miserable life of the colonial people triggered their attacks on the colonial issue. By analyzing the similarities and differences of the characteristics of colonist images and the ways of characterization in their representative works *A Passage to India* and *Shooting an Elephant*, this paper explores the two writers' thinking and attitude towards the colonial issue as a new generation of intellectuals and reveals the practical significance of literary works in the transmission of values and social influence.

Key words: Colonist images; *A Passage to India*; *Shooting an Elephant*, *molding method*

“远处的善即是近处的恶”

——玛丽·雪莱对父亲威廉·戈德温功利主义博爱观的反思

原玉薇*

摘　要：玛丽·雪莱的作品与她对父亲威廉·戈德温思想的审视与反思密不可分。戈德温秉持功利主义的博爱观，将博爱放到功利标尺上进行理性计算，认为私人情感应当让位于公共福利。然而，在《弗兰肯斯坦》和《玛蒂尔达》两部小说中，玛丽描写了怀揣一腔戈德温式奉献激情的主人公们的博爱行为导向的结果与其良好初衷南辕北辙，甚至引发灾难的故事。在她看来，戈德温式的博爱缺失家庭情感的滋养，最终不仅牺牲了家庭幸福，也背离了博爱的本意；此外这种博爱观过于宏大抽象，妨碍了对具体个人的情感关怀，因而可能流于抽象冷酷，结果事倍功半。

关键词：玛丽·雪莱；威廉·戈德温；博爱；功利主义

一　引言

“博爱”（Universal Benevolence）是英国18世纪伦理哲学的一个关键词，在莎夫茨伯里、哈钦森、休谟、亚当·斯密等思想家的著作中，它都是论述的重点。虽然这些哲学家就如何实践博爱的观点大不相同，但他们都强调个人要有关心大众福利的公益心（Radcliffe，1993：221）。18世纪90年代，法国大革命在英国知识界引发了对博爱的热烈讨论。理查德·普赖斯（Richard Price）的《有关爱国的演讲》（*A Discourse on the Love of Our Country*，1789）是这场讨论的导火索。在其中，他批判英国人狭隘的爱国主义，宣扬“博爱的原则”（Price，1789：6），呼吁英国民众同情和支持法国革命。普赖斯的演讲招致了埃德蒙·伯克（Edmund Burke 1887：

* 作者简介：原玉薇（1990—　），女，陕西师范大学外国语学院讲师，研究方向：18—19世纪英国文学。

27）的攻击，他针锋相对地抨击“博爱”这个概念，讽刺这种随法国大革命兴起的“新哲学”是“对整个人类充满博爱，却对每一个打交道的人缺乏情感”。博爱由此成为拥护革命的激进派和反对革命的保守派论战的一个焦点。作为英国激进派的代表，威廉·戈德温（William Godwin，1756-1836）充满对博爱事业的狂热激情，他表示自己可以“不顾个人需要，为人类造福”，他毕生“唯一的目标就是扩大人类的知识，提升他们的幸福和善良”（转引自 Shelley，2002：55）。深受莎夫茨伯里、哈钦森和亚当·斯密等英国道德哲学家的影响，戈德温相信人是可以无私的，公益心是一个人“最高尚、最完美的感情”，进步的个人“有一种责任使他不能不去追求整体的利益；只有那种利益才是他唯一的目的”。[①]（292）戈德温直接将道德等同于博爱，“道德是考虑到最大限度的一般福利而确定的行为准则”，（81）而评判一个人的品行道德和功过是非，“关键在于功利”——在多大程度上有助于普遍的幸福。（105）一个人造福的人数越多，贡献越大，他就越高尚，“凡是可以用来使许多人快乐的努力就不用来使一个个人快乐”。（635）因此，戈德温经常被认为是功利主义道德理论（Utilitarianism）的开创者之一[②]。在功利原则的指导下，他强调要按照一个人的“道德价值和他对于一般福利的重要性”（87）来对待他，不受情感或血缘上亲疏远近的影响。戈德温举了一个有名的例子，如果坎布雷大主教的宫室着火了，在大主教和他的仆人中只能救一个人，他认为不管这仆人是我们的父亲、兄弟还是恩人，我们都应该毫不犹豫地先救大主教，因为他的社会贡献远远大过仆人。若是这个选择受到个人情感的干扰，这个行为便“同严格而普遍合乎正义的决定背道而驰”。（85—87）在他看来，个人情感对功利原则和博爱的实现常常是有害的。戈德温这个先公后私的思想是受美国神学家乔纳森·爱德华兹（Jonathan Edwards）的影响，爱德华兹认为美德就是博爱，而非对个人的爱，后者

① 威廉·戈德温：《政治正义论》，何慕李译，商务印书馆 1982 年版，第 292 页。以后引用本书，在正文中随文标注页码。

② 虽然有关戈德温是否功利主义者存在争论，但大部分历史学家认为戈德温是功利主义者，D. H. 门罗（D. H. Monro）说，“戈德温并非一个存在争议的、不热心的功利主义者，而是一个格外清醒的功利主义者。”请参考 Robert Lamb，“Was William Godwin a Utilitarian?”，*Journal of the History of Ideas* 70. 1（2009）：119-141。巴特·舒尔茨（Bart Schultz）把戈德温当作史上第一个重要的功利主义思想家，请参见 Bart Schultz，*The Happiness Philosophers*：*The Lives and Works of the Great Utilitarians*，Princeton：Princeton University Press，2017。

本质上只是自爱的延伸，需要博爱来指导和纠正（Thomas，2019：8）。从小受到加尔文教派克己、自律的教育的戈德温对这个观点产生了强烈共鸣，并将之纳入自己的思想体系（Thomas，2019：8）。在为戈德温所作的传记中，玛丽·雪莱（Mary Shelley，1797-1851）称父亲的博爱观意味着个人情感与博爱相互抵牾，“对个人的爱就是对整个人类的爱的掠夺”（Shelley，2002：60）。

作为戈德温的女儿，玛丽·雪莱自然也关注大众福祉。戈德温在她出生前不久写道，一个人“若是普遍幸福的朋友，他就会不遗余力地把自己的学生或孩子教育成为人类期盼已久的救世者”（转引自 Sunstein，1989：21）。玛丽显然没有辜负父亲的期待。她终其一生都拥护欧洲的自由事业，支持意大利和希腊的民族独立战争，关心英国的政治改革，关注教育事业的发展。即使在丈夫去世后挣扎于绝望和痛苦中时，玛丽仍向往过一种“有益”的生活。她在日记中说：“如果我……能够产生新的思想或者发现，可以对我的同胞有益，我的生活就不只是无害的，而是有益的。”（Shelley，1987：454）玛丽的小说也处处渗透着博爱的元素，她笔下很多主人公如《弗兰肯斯坦》（*Frankenstein*，1818）中的弗兰肯斯坦、《玛蒂尔达》（*Mathilda*，1959）中的诗人伍德维尔（Woodville）、《末世一人》（*The Last Man*，1826）中的阿德里安（Adrian）等都胸怀为公共福祉鞠躬尽瘁的崇高理想，立志“把所有的智慧和精力奉献给这个事业，尽其所能给同胞带来幸福”（Shelley，2004：60）。借这些人物，玛丽·雪莱表达了自己对大众福祉的热忱。

然而，玛丽·雪莱对父亲戈德温要求牺牲个人需要和家庭情感来服务社会的功利主义博爱观却抱有警惕。她的两部小说《弗兰肯斯坦》和《玛蒂尔达》描写了怀揣一腔戈德温式奉献激情的主人公们的博爱行为导向的结果与其良好初衷南辕北辙，甚至引发灾难的故事。在玛丽看来，戈德温式舍弃家庭责任来增进大众福利的博爱，因其缺失家庭情感的滋养，最终不仅牺牲了家庭幸福，也背离了博爱的本意；同时这种博爱观有时过于宏大渺远，与具体个人的情感需要格格不入，因而可能流于抽象、冷酷，甚至违反人性。

二　“舍近求远”的博爱

首先，玛丽·雪莱认为戈德温式的博爱是“舍近求远”的爱，架空了博爱本来的意义。在《弗兰肯斯坦》中，这种以忽视家人幸福为代价的博爱精神催生了恶魔，使公益事业反成人类的祸害。弗兰肯斯坦是典型的戈德温式公民，胸怀大志，以促进人类进步为己任。他“从一出生就怀有善意的心愿，渴望有天能够将博爱付诸实践，使自己有益于同胞”[①]（85）。作为科学家，他立志“探求天地的秘密”（8），“使人类免遭疾病困扰，除了死亡，不受其他一切的伤害”（31）。弗兰肯斯坦对家人的态度也符合戈德温所提倡的为了公共利益，个人情感可置之不顾的观念。由于专注于复杂而艰难的造人工作，在长达两年的时间里，弗兰肯斯坦“忘记了那些在千里之外、很久未见的朋友们”，他“希望将所有的感情推迟到这个……伟大目标完成的那天”（48）。因为自信从事的是一项造福人类的事业，他认为自己的行为情有可原，他说：“父亲若是把我对家人的忽略归因于我的缺点或错误，那么他就有失公正。”（48）这正是戈德温式的辩护。弗兰肯斯坦以牺牲家人的感受为代价进行的科学实验成功了，但他“无私”公益心的果实——造物最后杀死了他几乎所有的亲人、爱人和朋友。这种对个人情感的牺牲，换来的不是福泽万代的伟大壮举和光荣成就，而是一连串的复仇、死亡和毁灭。而若探究导致祸害的原因，也与弗兰肯斯坦先公后私的博爱行为不无关系。他的造物之所以变成恶魔，是因为弗兰肯斯坦将其抛弃在一个冷漠和恶毒的世间，任其受尽冷眼与侮辱，才引燃了造物的复仇火焰。试想一个连自己的家人血亲都漠不关心的人能有足够的责任意识或能力去照顾、保护和教育一个异类吗？因此，造物的堕落可以说是必然的。就这样，弗兰肯斯坦不恰当的公益心最终使他自己沦为杀害“那些最为无辜的受害者的凶手”（191）。

在该小说中，与弗兰肯斯坦的故事平行发展的是沃尔顿（Walton）的故事。和前者一样，沃尔顿也满怀成就一番泽被后世的事业的远大抱负，他决心去北极探险，踏足“以前无人涉足的土地”（4）。他的公益狂热不亚于弗兰肯斯坦，甚至把生死置之度外，他宣称，“相较我所追求的知识，以及人类由此获得对自然之敌的支配力量而言，我个人的生死微不足道”（16）。然而，在冰山耸立的北冰洋上，他的探险船被困住了，在船员共同的强烈要求下，他最终同意停止自己的执拗计划，脱险之后便立即

① Shelley，M.，*Frankenstein*，London：Vintage Books，2007. 本文引用均由作者翻译，以后引用，在正文中随文标注页码。

返航，回到了家中的姐姐身边。相比弗兰肯斯坦，沃尔顿虽然为事业半途而废深感遗憾，但他选择响应船员的诉求，及时放弃虚无缥缈的宏大理想，因而得以保全身边人的安全和幸福，避免了前者的灾难。相比之下，弗兰肯斯坦式的公益行为，正如安妮·梅勒（Anne Mellor，1988：86）所言，是以"对人际关系和家庭责任的情感疏离"为代价"致力于抽象的善"，这正是其错误所在。通过弗兰肯斯坦和沃尔顿截然相反的结局，玛丽暗示了牺牲家人幸福谋求大众福利的危险性，以及对戈德温要求家庭责任让位于公共利益的博爱观的质疑。

小说的最后，弥留之际的弗兰肯斯坦用自己的惨痛教训劝诫沃尔顿远离"任何干扰家庭宁静和亲善的追求"（48）。玛丽在此触及一个重大的家庭伦理问题，是否履行家庭责任和立志献身公益之间的矛盾就一定无法调和？培根曾说，"最有益于公众的伟大事业理所当然是由未结婚或无子嗣的人做出的"，"妻子和孩子"则是伟大事业的"阻碍"（Bacon，1909：109）。而卢梭则在行动上做了他的选择。一个后来永载史册的哲学家，一个竭力倡导"兄弟友爱"（Brotherhood）的人却先后将自己的五个孩子送到弃儿医院，使他们中的大部分很快夭折（Day，1996：91）。在《法国文学家传记》中，玛丽称，卢梭这种行为是"恶极昭彰"（Flagrancy），甚至不愿多谈，因为单是谈论就已经"太痛苦了"（Shelley，2002：335）。对此她指出，一个人的"首要责任"应当是使其"生育的孩子变得智慧、高尚和快乐"（Shelley，2002：335）。从弗兰肯斯坦的悲剧可以看出，玛丽虽然承认贡献社会和完成家庭责任之间存在冲突，但她不赞同父亲戈德温倡导的按照社会贡献最大化的原则舍私为公的功利主义博爱观，她坚信一个人不论贡献大小，对家人的爱都应当是"首要责任"。在玛丽看来，履行家庭责任与造福人类并不一定是相互龃龉，非此即彼的，而是有着重合之处。这个观点在1827年玛丽写给女权主义者和社会改革家弗朗西斯·赖特（Francis Wright）的一封信中可得一窥。她先是表达了对赖特放弃优裕舒适的生活，选择"投入艰苦的挣扎，以及对他人有益、自我牺牲式的奉献中"的钦佩和赞扬，在信的结尾，她说，"你是热心公益的，但不要因为我被私人利害所牵累就远离我，虽然我的圈子很小，但我还是愿意为它牺牲自己，通过增进别人的幸福和福祉来获得唯一的快乐"（Shelley，1983：4-5）。显然，玛丽并不认为在私人领域努力提升亲人和朋友的幸福就是对公益精神的背叛，相反，如弗兰肯斯坦和卢梭一样以家人的幸福为代价实现的博爱才是对博爱精神的背离。

需要指出的是，虽然戈德温的《政治正义论》在18世纪末得到热烈追捧，并影响深远，他的博爱观在英国却并非主流认识。① 包括莎夫茨伯里、哈钦森、普赖斯在内的很多18世纪英国哲学家都认为个人情感不仅不会损害，而且还会增强和促进博爱精神。休谟、斯密、巴特勒、柯勒律治等思想家指出，博爱应该从具体增进家人、朋友、邻居的幸福开始（Radcliffe，1993：225）。柯勒律治相信，博爱是从家庭情感中生发的，"慈善之心是从家庭情感中产生的，并由于后者而稳固持久……对子女和父母之爱训练了心灵，使之为爱人类做好了准备"（转引自Trott，1990：216）。玛丽的母亲、女权主义思想家玛丽·沃斯通克拉夫特（Mary Wollstonecraft）也赞同这个观点，她说，"要造就一个好公民，必须先拥有儿子和兄弟的感情"（Wollstonecraft，1996：168）。《弗兰肯斯坦》问世半个世纪后，亨利·詹姆斯在小说《波士顿人》（*Bostonians*，1886）中刻画了一个私人情感空白却立志为女性解放奉献一生的女权主义者奥利夫·钱德勒（Olive Chancellor），她因其狂热而抽象的公共之爱使身边的人乃至整个社会都深受其害，这似乎是对《弗兰肯斯坦》的呼应。爱由亲始才符合人类本然的亲血缘天性，由近及远，由父母兄弟延伸至芸芸众生才能更好地实践博爱情感。②

虽然戈德温后来承认自己低估了个人情感的重要性，也开始对早年个人情感和公共情感相冲突的观点进行修正，③ 但他终其一生都坚持把博爱视为人的首要情感和责任，个人情感则次之。一直到1831年发表的《有关人的思考》（*Thoughts on Man：His Nature，Productions and Discoveries interspersed with Some Particulars Respecting the Author*，1831）一书中，他仍坚持己见，"认为'慈善必须从家庭开始'的人有可能会变成一个漠不关

① 戈德温的博爱观似乎与狄德罗、霍尔巴赫、伏尔泰和爱尔维修等法国启蒙哲学家更为接近。例如伏尔泰说："一个杀害兄弟的人是恶魔，但是牺牲兄弟来拯救自己国家的人却是神圣的。"转引自Crocker，G.，*The Age of Enlightenment*，London：Macmillan & Co Ltd.，1969，p. 164。

② 中国儒家也讲究爱有亲疏远近之别。孔子曰："立爱自亲始。"（《礼记·祭义》）孟子言："亲亲而仁民，仁民而爱物。"（《孟子·尽心上》）

③ 比如戈德温在《圣利昂》（*St. Leon*，1799）这部小说的前言承认"家庭和个人情感与人性密不可分"，并且"与一种深刻而活跃的正义感并非格格不入"。具体请参见Godwin，W.，*St. Leon：A Tale of the Sixteenth Century*［M］，Gina Luria（ed.），New York：Garland Pub. Inc.，1974，pp. viii-xi。

心的公民，使其慈善之心——人之为人的最大光荣枯萎的危险……轻视道德情感的第一原则是危险的。这个人在任何情况下都不会为人类的进步欢呼，或是把人类的幸福视为自己财富的一部分”（Godwin，1831：222）。

玛丽·雪莱用弗兰肯斯坦毁灭性的公益心表明，一种无视家人情感和需要的博爱行为不仅不能增进社会进步和人类幸福，反而可能适得其反。她从反面警示人们，博爱应该建立在个人的家庭情感之上，在贡献社会前应该先完成对亲朋的责任。玛丽的质疑被爱默生（2014：75）在《论自助》（“On Self-Reliance”）一文中一语道破：“远处的善即是家中的恶。”而戈德温坚持抽象的“博爱”概念，对复杂而又脆弱的人的行为的考察和评价完全采取功利主义的标准，这种冰冷的、一刀切的道德标准表明他低估了个人情感对人的重要性，对人性的认识过于简单和乐观。

三　空洞抽象的博爱

玛丽·雪莱认为，戈德温的功利主义博爱观还有为了宏大的博爱理想而忽略具体爱的对象的危险，因此可能趋于空洞抽象，终归无效。《玛蒂尔达》这部中篇小说就是她这一观点的体现。《玛蒂尔达》讲述了主人公玛蒂尔达因为父亲对她产生了不伦之爱以及父亲随后的自杀而陷入巨大痛苦，最后死去的故事。玛蒂尔达的母亲在生她时去世，父亲含悲远走，她几乎一生下来就变成孤儿，在性情冷淡的姑妈身边孤独地长大。在她十六岁时，父亲返回家园，父女相聚的三个月成为她一生中最快乐的日子。玛蒂尔达有生以来第一次感受到了被爱和“天堂般的幸福”[①]（17），才真正“开始生活”（15）。她把父亲的爱和陪伴当成唯一的幸福源泉，却未想到这种爱会变质，最后随父亲的自杀而彻底丢失。从短暂而强烈的幸福跌入黑暗深渊的玛蒂尔达所经历的痛苦可想而知。她说：“我不适合活着。为什么我要被迫活下去呢？一小时一小时地煎熬……承受最为尖锐的痛苦。我的身体还健康，但我的心灵已在痛苦的忍耐下沉沦。”（55）她开始离群索居，在这时遇到了青年诗人伍德维尔。后者是一个戈德温意义上的社会公民，把增进大众福利作为自己的终生奋斗目标。他说：“我要成为一个高尚的人，我将为其他人的福祉贡献我的生命；我将尽力扫除邪恶”（59）。在劝阻想

---

① Shelley，M.，*The Novels and Selected Works of Mary Shelley*，Vol. 2，Pamela Clemit（ed.），London：Pickering and Chatto，1996，p. 17. 以后再引用本书，在正文中随文标注页码。

要自杀的玛蒂尔达时，他使用的正是戈德温宣扬的个人应无私为社会做贡献的功利主义哲学，充满了浓厚的道德说教意味："如果你可以赋予一个人快乐；如果你能够给另一个人一个小时的幸福，难道你不应该活下来去做这件事吗？……让它成为对抗自杀的充足动力。让我们不要放弃我们的责任，只要未来还有一丝希望能够做到。"（60）戈德温反对因为个人不幸而自杀，因为虽然"我们只不过是一个人，而在深浅不同程度上和我们的可能贡献有联系的人都是不可胜数的"，因此"在任何情形下求助于自杀"都要考虑是否"能够胜过多活二十年所能做出来的贡献"（戈德温，2015：93）。伍德维尔试图通过诉诸玛蒂尔达对人类同胞的责任使她忘记自己的不幸，转而专注于为别人创造快乐。

然而，他这种宏大的说理和站在道德制高点的安慰只有短暂的效果，甚至适得其反。当伍德维尔走后，玛蒂尔达的"绝望又回来了，安慰的工作又得重新开始"（55）。而当伍德维尔离开她时，玛蒂尔达对他也并无留恋，她"充满了对他的感激和好意，但是不知道为什么，对他的离开"，她"并没有任何痛苦的遗憾"（62）。伍德维尔最终没能挽救玛蒂尔达，她染上了风寒，放弃治疗而死。死前她对伍德维尔的临终遗言也同样淡然："离开你我没有痛苦，我们的分别也不会给你带来多少悲伤。"（66）虽然伍德维尔在和玛蒂尔达交往的整个过程中都不知道她痛苦的原因，但这样的情节设计，使伍德维尔宏大高尚的博爱说辞和玛蒂尔达无法言说的个人隐痛之间产生了巨大的张力，促使读者审视和思考戈德温博爱理论的不足之处。

事实上，伍德维尔虽然看起来热心，但他对玛蒂尔达的关心从一开始就是一种从抽象的公益心出发的关心，热情有余而真诚不足。格兰汉姆·艾伦（Graham Allan，2008：61）指出，伍德维尔的博爱行动失败的原因在于，玛蒂尔达的经历是"独特的、不可复制的、抗拒一般化的"，"超越了理性主义的、一般化的教条"。但相比凸显玛蒂尔达经历的"独特"，小说更强调的是抽象的博爱理论应对具体的个人经历时的无效。伍德维尔的劝说隐含着对玛蒂尔达不顾人类的整体利益堕入自私痛苦的指责，"你难道不是既年轻又漂亮又善良吗？为什么你要绝望呢？或者如果你自己要绝望，为什么不能因为别人而不绝望呢？如果你再也不会变得快乐，难道你不能让别人快乐吗？"（59）可见他并不是通过接纳和包容玛蒂尔达的悲伤来宽慰她，而是生硬理性地使用抽象的功利主义哲学概念，强求一个具有丰富情感的人忘记自己的真实痛苦，克服自己的切实需要，毫无自我地为别人创造快乐。根据弗洛姆在《健全的社会》中的观点，人有多重复杂的需要，如“交往的需求、超越的需求、寻根的需求、身份感的需求、方向和贡献结构的需求”等，这些需求的满足与否决定着人的“精神”是否“健康和健全”（弗洛姆，1999：57）。显然，父亲病态的爱以及他的死去使玛蒂尔达的这些需求一一受挫，她的精神世界也四分五裂。伍德维尔要求一个自顾不暇的人去造福大众，显得不切实际。因为抱持着对功利博爱理论的抽象执念，他并未把玛蒂尔达当成一个有血有肉的个体生命，从不试图去理解或同情她的特殊经历或痛苦，而是把她放在公益的通用尺度上衡量，要求她达到这个标准。这也是为什么伍德维尔的哲学劝慰不仅不能真正抚慰玛蒂尔达悲痛和孤独的心灵，反而“加重了她的社会疏离感”（Bennett & Curran，2000：74），她称自己是“人类情感的放逐者，一个没有人会爱的怪物”（61），最后还是选择了结束生命。

玛蒂尔达隐约意识到了，在伍德维尔善良而耐心的外表下是一颗无法真正给予同情的心。她曾抱怨道，“他如果关心我的话，这种关心也是冰冷的，不适合我这个可怜而疲惫的人，我巨大的悲痛需要的安慰是他那颗世俗的心无法给予的。”（55）伍德维尔的关心之所以是“冰冷”而“不适合”的，是因为它出于博爱的抽象理想，而非针对个人的同情。在玛蒂尔达绝望到丧失理智的时刻，她甚至质疑伍德维尔是在利用她来达成自己的目的，“我想，我就是一出悲剧；他看着我表演，时不时给我一点提示，以便我说出一番符合他目的的话：也许他已经在运思一首以我为角色的诗歌。我于他就是一出闹剧，但对于我这就是凄凉的现实。”（56）玛蒂尔达怀疑伍德维尔的安慰与其说是为了改变她的“凄凉的现实”，不如说是为了让她配合演一场“符合他目的”的“悲剧”。虽然玛蒂尔达并非可靠的叙述人，[①] 并且她很快便为自己的无理取闹后悔认错，但不可否认的是，伍德维尔与她之间存在一般理论和具体现实、抽象同情和切身痛苦之间的巨大错位，因而伍德维尔的拯救如隔靴搔痒，无法成功。正如评论家帕梅拉·克力米特（Pamela Clemit）所说，《玛蒂尔达》表现了戈德温“乌托邦的社会理论在个人痛苦面前的局限性”（Schor，2004：40）。玛丽写作这部作品的二十四年前，沃斯通克拉夫特在《瑞典、挪威和丹麦

① 有关玛蒂尔达并非可靠的叙述人的讨论请参见 Clemit，P.，“From ‘The Fields of Fancy’ to *Matilda*：Mary Shelley's Changing Conception of Her Novella”，in *Mary Shelley in Her Times*，Betty T. Bennett and Stuart Curran，（eds.），pp. 68-71。

短居书简》(*Letters Written During a Short Residence in Sweden, Norway, and Denmark*, 1796)这部写给当时的情人伊姆利(Imlay)的书信集中也表达了类似的观点,“幸福建立在美德和原则的基础上这种观点是多么虚幻啊”(Wollstonecraft, 2009: 73),“悲伤之箭到处射中我们,本应保护心灵的智慧和原则却毫无用武之地”(Wollstonecraft, 2009: 117)。在人生的真实苦难面前,母女俩都意识到,用抽象的理论概念来应对个人的情感困境是多么苍白无力。但伍德维尔相信理论的万能,因此他的公益心是一种无法包容人性脆弱、无法理解生活悲剧的公益心,他的博爱是一种抽离了对丰富复杂的个人感受的理解和同情的博爱。

《玛蒂尔达》创作于年仅22岁的玛丽·雪莱痛失爱子威廉(William Shelley)之后,而不到一年前,女儿克拉拉(Clara Shelley)刚得病死去,悲痛欲绝的玛丽·雪莱借写作来缓解痛苦。这一阶段,她在给朋友的信中流露的悲伤和小说中玛蒂尔达的表述如出一辙,“我没有一刻不感到痛苦和绝望。在一年之内失去两个我仅有的、可爱的孩子,看着他们死去。我感到我什么都不适合做了,因此也不适合活着。但是除了对我,这一切对任何人都别无影响。”(转引自Sunstein, 1989: 168)显然,玛丽在抱怨自己仅有的亲人雪莱和戈德温。与伍德维尔劝告玛蒂尔达的情节类似,戈德温也用理性的口吻写信批评他的女儿,要求她为了人类的福祉尽快理智地走出个人微不足道的悲伤,“你拥有一切命运赋予的幸运,一切对别人有用的手段,但就因为一个三岁的孩子死了,所有这一切就都没有意义了嘛。”(转引自Marshall, 1889: 255)和伍德维尔一样,戈德温也责怪女儿的软弱和“自私”:

> 你必须允许我使用父亲和哲学家的特权来劝诫你的绝望。我不得不认为它把你的品格降低到女性的平庸等级……记住,最开始你最亲密的亲人会同情你,但是当他们看到你执意坚持自私和苦闷,而不管其他所有人的幸福,他们最终就会停止爱你,也不能忍受你(转引自Marshall, 1889: 256-257)。

戈德温这番话有他自己的理论依据。在他看来,“每一个人都不过是一个巨大组织的一部分,他所有的一切都是记入总账中的一笔财富。”(戈德温, 1982: 94)因此任何人行事都要以贡献社会为最高目标。戈德温并非不爱女儿，他是在用心中理想公民的角色来要求她，而非从一个疼爱女儿的父亲的角度去感受和同情她的痛苦。但对一个刚刚失去两个孩子的年轻母亲而言，这种要求难免过于冰冷、僵硬而理性，自然难以医治她的心灵创伤。玛丽写信给一个朋友哭诉，“我的不幸没有改变我父亲信件的口气……我的精神受到可怕的折磨……”（Shelley，1980：106）借由《玛蒂尔达》，玛丽·雪莱表达了对戈德温哲学的不满，她让这种宏大抽象的公益心在具体的个人痛苦面前显示出荒谬滑稽的一面，暗示这种为了公共利益抹杀个人真实情感的需求，并对人生的悲剧和人性的脆弱缺乏了解和包容的博爱实际上已经走向了它的对立面。颇具讽刺意味的是，有关理论与现实之间的鸿沟，戈德温自己在《政治正义论》中曾做过思考，他指出，“理论总是把带一般性的情况收集起来，并删除带特殊性的情况”，“建立理论”可以“磨炼和提高”人的智力，但是“不要成为理论的奴隶”（戈德温，1982：229）。戈德温这个观点充满了自省的洞察力，可惜在现实中，他依然没有让他的理论迁就具体情况。

四 结语

综上所述，玛丽不满戈德温把博爱当作功利标尺上的理性计算，认为这会使博爱沦为建于流沙之上的无效情感，其结果往往是在家庭内部为了普遍的福利牺牲对个人的责任，在公共领域为了抽象的博爱理想破坏对具体的人的关怀。戈德温“一刀切”的功利主义博爱观表明了他并未考虑到人性的情感需要和生活的复杂性，对具体的人生苦难和人的脆弱缺乏理解和同情，这种博爱是抽象而冷酷的博爱。玛丽提倡的博爱杜绝好高骛远、空洞抽象的倾向，是从就近的家庭责任出发向外辐射的责任感，是包容人生困境和人之弱点的人文关怀，是发乎情感而非理性或僵硬标准的同情心。

参考文献

Allan, G., *Mary Shelley: Critical Issues*, London: Palgrave Macmillan, 2008.

Bacon, F., *Essays, Civil and Moral, The Harvard Universal Classics, Vol.III*, Cambridge: Harvard University Press, 1909.

Bennet, B.T.and Stuart C., *Mary Shelley in Her Times*, Baltimore: The Johns Hopkins University Press, 2000.

Burke, E., *The Works of the Right Honourable Edmund Burke*, Vol.4, London: John C. Nimmo 14, King William Street, 1887.

Crocker, G., *The Age of Enlightenment*, London: Macmillan & Co.Ltd., 1969.

Day, A., *Romanticism*, London and New York: Routledge, 1996.

Godwin, W., *Thoughts on Man: His Nature, Productions and Discoveries Interspersed with Some Particulars Respecting the Author*, London: Effingham Wilson, Royal Exchange, 1831.

Lamb, R., "Was William Godwin a Utilitarian?", *Journal of the History of Ideas*, 2009 (1): 119-141.

Marshall, J., *The Life and Letters of Mary Wollstonecraft Shelley*, 2 Vols, London: Richard Bentley & Son, 1889.

Mellor, A.K., *Mary Shelley: Her Life, Her Fiction, Her Monsters*, New York: Methuen, Inc., 1988.

Price, R., *A Discourse on the Love of Our Country*, London: Printed for T. Cadell in the Strand, 1789.

Radcliffe, E., "Revolutionary Writing, Moral Philosophy, and Universal Benevolence in Eighteenth Century", *Journal of the History of Ideas*, 1993 (2): 221-240.

Schor, E., *The Cambridge Companion to Mary Shelley*, Cambridge: Cambridge University Press, 2004.

Schultz, B., *The Happiness Philosophers: The Lives and Works of the Great Utilitarians*, Princeton: Princeton University Press, 2017.

Shelley, M., *The Letters of Mary Wollstonecraft Shelley*, Vol. I, Betty T. Bennett (ed.), Baltimore: The Johns Hopkins University Press, 1980.

Shelley, M., *The Letters of Mary Wollstonecraft Shelley*, Vol. II, Betty T. Bennett (ed.), Baltimore: The Johns Hopkins University Press, 1983.

Shelley, M., *The Journals of Mary Shelley* 1814-1844, 2 Vols, Paula R.Feldman & Diana Scott-Kilvert (eds.), Oxford: Oxford University Press, 1987.

Shelley, M., *The Novels and Selected Works of Mary Shelley*, Vol. 2, Pamela Clemit (ed.), London: Pickering & Chatto, 1996.

Shelley, M., *Mary Shelley's Literary Lives and Other Writings*, 4 Vols, Pamela Clemit, et. al. (eds.), London: Pickering and Chatto, 2002.

Shelley, M., *The Last Man*, London: Wordsworth Editions Limited, 2004.

Shelley, M., *Frankenstein*, London: Vintage Books, 2007.

Sunstein, W., *Mary Shelley: Romance and Reality*, Boston, Toronto and London: Little Brown and Company, 1989.

Thomas, G., *William Godwin: A Political Life*, London: Pluto Press, 2019.

Trott, N., The Coleridge Circle and the “Answer to Godwin”, *The Review of English Studies*, 1990 (41): 212-229.

Wollstonecraft, M., *A Vindication of the Rights of Woman*, Candace Word (ed.), New York: Dover Publications Inc., 1996.

Wollstonecraft, M., *Letters Written During a Short Residence in Sweden, Norway, and Denmark*, Tone Brekke & Jon Mee (eds.), Oxford: Oxford University Press, 2009.

[德] 埃里克·弗洛姆:《健全的社会》, 蒋重跃等译, 国际文化出版公司 1999 年版。

[美] 亨利·詹姆斯:《波士顿人》, 代显梅译, 黑龙江人民出版社 2016 年版。

[美] 拉尔夫·沃尔多·爱默生:《爱默生散文精选》, 蒲隆编选, 海天出版社 2014 年版。

[英] 威廉·戈德温:《政治正义论》, 何慕李译, 商务印书馆 1982 年版。

“Thy Love Afar is Spite Near”

——Mary Shelley's Reflections on Her Father William Godwin's Utilitarian View of Benevolence

Yuan Yuwei

Abstract: Mary Shelley's works are closely related to her reflection on her father William Godwin's thoughts. Godwin insisted on a utilitarian view of benevolence, thinking that personal affection should give way to public welfare. But in Shelley's *Frankenstein* and *Mathilda*, the characters' Godwinnian benevolence ended up contradicting their original intentions, even causing tragedy. In her view, Godwinnian benevolence lacks the nurture of domestic affection thus could be rendered ineffective and becomes too abstract to meet the need of a specific human being.

Key words: Mary Shelley; William Godwin; Benevolence; Utilitarianism

都市漫步者：现代都市文化的旁观者和参与者

张　沛*

摘　要：都市漫步者（flâneur）是现代都市文学和文化研究的一个关键意象。本文首先介绍都市漫步者作为普通都市人登上历史舞台的社会背景，然后引入法国诗人波德莱尔将其与艺术创作和艺术家进行关联的现代性论述，而后探讨德国思想家本雅明在其资本主义都市现代性研究中对都市漫步者这一形象的理论化。本雅明揭示了都市漫步者自身内部不可调和的矛盾性，即不断地在旁观者和参与者之间进行转换的特征，而这一内在矛盾也深刻地影响了都市漫步者概念在当代都市文化研究领域的延伸和发展。

关键词：都市漫步者；都市文化；现代性；本雅明

一　引言

都市漫步者（flâneur）一词来自法语，本义是指在现代都市里漫无目的闲逛并四处观看的人。它在不同的翻译作品中有不同的译法，如“闲逛的人”“游手好闲者”“浪荡子”“游荡者”，等等①，但是，这些词都难以涵盖它所蕴含的复杂含义。同样，这个词在英语中也没有可以完全对应的词，英语文学作品中更常见的做法是直接引入它的法语形式②。这个词本身难以准确翻译的现象反映了概念本身捉摸不定的特点，如基斯·特

* 作者简介：张沛（1989—　），女，陕西师范大学外国语学院讲师，研究方向：英国文学与都市文化。

① 本文所用中文译名遵循的是郭军（2006）对这一概念的介绍，“都市漫步者”一词既体现了其都市性，也反映了步行这一动作，相较其他译法而言，更符合本文对这个概念的讨论。

② 《牛津大辞典》显示这个舶来词早在1854年就出现在了英国伦敦出版的月刊杂志《哈泼斯》（*Harper's Magazine*）里。与之相关的舶来词还有它的名词形式 flânerie 和阴性名词 flâneuse。

斯特（Keith Tester，1994：1）所言，“尽管都市漫步者在社会文化研究领域已经是老生常谈，但它的具体含义和意义却依然难以准确把握”。然而，也恰是其语义捉摸不定的特点赋予了它较为灵活的阐释空间，使之成为现代都市文化研究中必不可少的意象之一。

二 普通都市漫步者及其起源

很多人误以为是法国诗人波德莱尔发明了都市漫步者（flâneur）这个词，但其实在他之前，这个词就已经出现在法语里了①。追根溯源，“都市漫步者”一开始指的是生活在19世纪法国巴黎的一类特定的都市居民。19世纪初的巴黎刚经过1789年法国大革命的洗礼，旧的秩序被推翻，新的秩序正在形成，资本主义得以快速发展，首都巴黎在政治、经济、科技、文化等方面经历了前所未有的重大变化。尤为引人注目的是，19世纪中期的巴黎都市空间在拿破仑三世的掌控下经历了可谓改头换面的巨变，曾经布满蜿蜒拥挤、陈旧脏乱的“驴行之道”的中世纪式的老城区被大刀阔斧地拆除改建，取而代之的是笔直宽敞的街道、开阔的公园广场以及分工明确的城区规划（柯布西耶，2009）。换言之，巴黎逐渐成为本雅明笔下“十九世纪的首都”，不仅是法国的政治文化中心，也是最先开展现代化的城市，引领并影响着整个欧洲大陆的现代化进程。

伴随都市现代化而出现的是漫步者这样的新型都市人。1806年一篇匿名发行的小册子里杜撰了一位名叫Bonhomme先生的巴黎人，并给他冠以“都市漫步者”的名号。这位先生属于小资产阶级，有固定资产和收入，不用工作；有大量闲暇时间，不喜居家生活且没有赡养家人的社会责任；总是出门在街上游荡，欣赏绘画戏剧，观察社会观念、技术革新、工业发展带来的种种新奇景观（Wilson，1992）。

之后不久，路易斯·于阿尔（Louis Huart）和维克多·富尔内尔（Victor Fournel）分别于1841年和1855年发表文章讨论都市漫步者，其中富尔内尔将漫步者与另一类新出现的巴黎都市人物——看热闹的人（les badauds）——做区分。这两类人都热衷于四处闲逛看热闹，但是漫步者总是单独一个人，在法语里是以单数名词出现，他是作为个人而存在

① flâneur的词根来自古诺尔斯语flana（“散步”），于16世纪前后进入法语语言，但是直到19世纪初期这个词才开始进入大众视野，成为常用词。

的，彰显个人主义；与之相对，看热闹的人常常以复数名词出现，表明他们的群聚特点，看热闹的人失去独立个性，完全投入眼前的都市景象里，失去自我，淹没于人群（Shaya，2004）。漫步者与人群之间若即若离的关系，也成为将这一历史人物形象转化为文学文化意象的关键所在，但在早期文本中，人们所讨论的是普通的都市漫步者，即在当时的社会环境中出现的某一种有钱有闲的生活方式，他们不事生产，热衷于在街头闲散游荡，观察新出现的都市景象。

这些人虽然表现出对艺术的兴趣，但也只是作为谈资而已。在当时的法国文豪巴尔扎克看来，这类人是平凡的都市漫步者，天性快乐而随意，满足于被动地观看城市里的各种景象；与之相对，艺术家漫步者（flâneur artiste）更值得关注（Ferguson，1994），而后者正是在波德莱尔的笔下得以进一步阐释。

三　都市漫步与艺术创作

在波德莱尔看来，都市漫步象征着艺术创作与现代生活之间的关系，他将漫步者身上个人与集体相融或相离的状态运用于对现代艺术的分析，对现代性提出了独到的阐释，其思想对现代文化的发展和研究具有深远的影响，被称为“第一位现代主义者”（Berman，1982：133）。

1859—1860 年，波德莱尔撰写了一篇题为《现代生活的画家》的艺术评论文，以其同时期的插画家康斯坦丁·盖伊为典范，结合美国小说家爱伦·坡的短篇故事《人群中的人》（1840）[①]，论述了艺术家都市漫步者的特征，并且透过其行为讨论了现代性（modernity）的问题。反思他所处的时代，波德莱尔指出“伟大的传统业已消失，而新的传统尚未形成”（2008：272）。在这种情况下，艺术家要做的不是固守古代经典，而是将目光投向当前发生的一切，就像都市漫步者一样，投身于城市人群之中，穿梭于街头巷尾，观察现代生活的方方面面。

比照坡笔下那位大病初愈、对一切抱有强烈好奇心的无名叙事者的心态，波德莱尔（2008：437）写道：“如天空之于鸟，水之于鱼，人群是他的领域。他的激情和他的事业，就是和人群结为一体。对一个十足的漫

① 《人群中的人》（The Man of the Crowd）设定在 19 世纪的伦敦，讲述了一位大病初愈的无名叙事者坐在咖啡馆里观察伦敦街头熙熙攘攘的景象，被其中一位形迹可疑的人所吸引，而后离开咖啡馆跟踪此人穿行于大街小巷，彻夜不停，最终放弃追踪。

游者、热情的观察者来说，生活在芸芸众生之中，生活在反复无常、变动不居、短暂和永恒之中，是一种巨大的快乐。”此外，结合波德莱尔对现代性的著名定义，“现代性就是过渡、短暂、偶然，就是艺术的一半，另一半是永恒和不变”（2008：440），可以做如下理解：流动变化的都市人群象征着转瞬即逝、短暂过渡的现代生活，作为艺术家的漫步者走进人群，观察形形色色的人物，体会都市日常生活的点点滴滴，汲取艺术灵感，提取人类生活无意间闪现出的美并将其艺术化、表达为艺术作品，从而实现将过渡变为永恒的转化。出于这样的追寻，艺术家如波德莱尔所说，意欲“和人群结为一体”，独立个人的主体性即将消溶于集体之间，这似乎与富尔内尔所描述的彰显个人主义和独立个性的普通都市漫步者恰恰相反。

然而，波德莱尔继续写道，漫步者“离家外出，却总感到是在自己家里；看看世界，身居世界的中心，却又为世界所不知……观察者是一位处处得享微服私访之便的君王”（2008：437）。在这段论述中，漫步者与人群的关系变得更加复杂，他观察周围的人群，身居其中，却不被任何人看到。结合法国哲学家萨特（1958）对观看（the look）的理论而言，客体化（objectification）是看的目的，观看的主体把他所看到的人和物都变成他注视范围内的客体对象；每一位个体都在为了占据观看主体的地位而互相争夺，试图将别人置于自己客体化的注视之下；能够看而不被看见，则是成为纯粹的主体（Jay，1993）。在波德莱尔的论述中，艺术家漫步者就占据了这样一个绝对主体的地位，他看似走入人群，实则如君王般高高在上，他所看到的世界是由他的注视而构建出来的，其中的秩序和意义都由他来决定。

因此，波德莱尔所分析的艺术家漫步者与前人所述的普通漫步者并无冲突，而是将其深化。作为艺术家的漫步者在走入人群的同时仍然保持自己独立个体的地位，他与人群呈现出辩证关系。一方面，他是参与者，个人融入人群，从而切身地真正地体验都市生活，与此同时成为人群这一现代都市景象的组成部分，被他人所观看，正如卞之琳的现代诗歌所言：“你站在桥上看风景，/看风景的人在楼上看你”；另一方面，漫步者是观察者，抽身站在人群之外或之上，将人群化为自己视线范围内的客体，同时也把他所处的时代和所体验到的现实生活变成艺术表达的对象，由于其艺术创造性，他的观看是积极主动的，而非消极漠然。特斯特

（1994）指出，这样一位艺术家，看似如君王般孤傲独立，实则其自我依托于人群这样的随机景象而存在，正是这样矛盾又统一的特征使其成为现代都市生活的最佳代言人。

此外，波德莱尔对采取漫步者姿态的现代生活的画家的论述，也同样可以用在他自己的艺术创作上。在本雅明的解读中，波德莱尔的诗集《恶之花》（1857）和《巴黎的忧郁》（1869）就是从一位都市漫步者的视角出发对19世纪巴黎的抒情表达。

四　都市漫步者与资本主义都市现代性

20世纪初期，德国思想家本雅明在研究波德莱尔的艺术思想及诗歌作品时重拾都市漫步者的意象，将其提升到理论层面用以批判19世纪的资本主义都市现代性，同时也借助对漫步者这个历史人物形象的评析来反思他自身所处的那个动荡不安的时代。

受波德莱尔影响，本雅明也从坡的故事《人群中的人》出发来探讨都市漫步者与人群的关系，但他关注的不仅是漫步与艺术创造，还由此反思了资本主义体制和工业文明下普罗大众的生存状态。对本雅明而言，坡的故事展示了现代工业化社会遭受异化的人群，他们步履匆匆，对一切刺激都做出条件反射式的反应然后继续赶路，本雅明将都市街头的人群与生产车间从事单一重复性劳动的工人相关联，指出二者都变得机械化、非人化，他们的状态反映出资本主义对速度、生产和所谓进步的追求。都市漫步者绝非这样的人群中的一员："行人让自己被人群推撞，但漫步者却要求一个回身的余地，并且不情愿放弃那种闲暇绅士的生活。"（2014：160）[①] 漫步者的"漫"既是漫无目的，也是慢慢悠悠，他与人群相悖，不求进步亦不追求抵达终点。这样一种反生产的悠闲姿态，是对资本主义"劳动分工的游行抗议"（2014：77）。

但是，艺术家漫步者对资本主义的抵抗十分有限，他或许能够将短暂过渡的现代生活提取为具有永恒价值的艺术作品，但这种作品本身必将屈从于资本主义市场经济和商品逻辑，漫步者终究无法维持其抽离的一面。本雅明研究波德莱尔时指出，这位诗人虽然抗拒变成城市大众的一部分，"但他还是变成了他们的同谋。他如此之深地卷入他们中间，却只是为了

① 译文参考张旭东、魏文生的译本，有改动。

在轻蔑的一瞥里把他们湮没在忘却中”（2014：159）。

随着19世纪资本主义社会的发展和大众教育的推广，都市里的人群逐渐成为大众读者，他们想要阅读和自身生活相关的东西，尤其是如何面对日益庞大复杂、不可知的都市空间。应运而生地，出现了两类通俗文学，一是描绘巴黎众生相全貌的“生理学”书册（physiologies），二是刊登在报纸时事板块旁边的、无关政治的副刊小品文。从此，一度只面向社会少数精英的文学开始转向大众，进入市场，变得商业化。

这样的转变为游荡在街头的漫步者提供了一个聊以谋生的行当，他可以把闲逛中观察到的社会风貌当作写作素材，从而赚取稿酬。漫步者漫不经心的观察方式也成为当时颇为流行的文学形式，这些作品对深不可测的都市人群进行了如植物学一样系统的分门别类，但主要目的是“呈现给读者一幅人们互相友好的画面”并且“帮助创造了巴黎生活的幻觉”（2014：62）。然而这些作品所达成的效果和商品类似，资本主义消费社会用华丽丰富的商品景象构筑了一个梦境般的幻象，用以麻痹并诱惑大众，转移人们的注意力，使之无视充满压迫和剥削的残酷现实，抑制其革命潜能，从而使得人们变得消极被动。

这样一来，漫步者的行为充满了矛盾性：他看似无所事事，实则是在工作；看似不屑于和都市人群沦为一类，却不得不依赖于大众的阅读市场而存在。这不仅是通俗文学作家的境况，也是知识分子的命运。本雅明犀利地指出，“像漫步者一样，知识分子走进了市场——假装在环顾四周到处观望，实则是为了寻找一个买家”（2014：204）。波德莱尔本人也隐隐约约地体会到了在文化商品化趋势下，自己作为诗人的命运，他在一首诗中不无嘲讽地写道：“我这样一个出卖思想，想要成为作家的人！”诚然，依靠出售思想和文字赚取生活费用的文人，与马克思所言的异化了的工人的命运并无不同。在现代都市中，文人墨客不得不顺应资本的逻辑，变成其中的一分子，被人群推撞着往前走，成为“人群中的人”。

当然，对于这样的处境，波德莱尔并未轻易屈服。他对社会现实有着清醒的认知，尽管“这种清醒是醉眼蒙胧式的”（本雅明，2014：82），而使波德莱尔陶醉的因素正是都市的人群，他对于人群怀有深切的共情之心，这也是波德莱尔与后来完全屈从于资本主义逻辑、沦落为文化工业中一名雇佣文人的区别。波德莱尔对现代生活本质的清醒认知并没有妨碍他投身其中，而过于陷入其中，则会失去进行反思和批判所需的抽离感，投入与抽离之间的持续张力也恰是波德莱尔诗歌无限魅力的来源。

波德莱尔的诗歌魅力也影响了本雅明的评析和表述，后者不无诗意地刻画了一个被异化了的波德莱尔忧郁凝望巴黎的形象："这是属于漫步者的凝视，他的生活方式为大都市人们与日俱增的荒芜孤寂撒上一抹抚慰的光彩。漫步者站在大都市和中产阶级的边缘，不属于任何一处，在任何一边都不自在，因而他在人群中寻找自己的避难所……百货商店是漫步者的最后一场游荡"（本雅明，2014：204）。漫步者失去了或融入人群或抽离于外的自主选择性，他被排斥于边缘，而他的边缘性，在本雅明看来，有着实在的、物质性的具化体现，即百货商店及其前身拱廊街。

顾名思义，拱廊街（英语为 arcade，法语为 passage），是指顶上有玻璃覆盖、两侧排列有商店的街道，随着资本主义贸易的发展和建筑材料的革新（如煤气灯、钢铁和玻璃的广泛运用）而兴起，成为一个颇具时代特征的 19 世纪都市空间。这样一个空间介于室内与户外，是漫步者活动的主要场所，暗含着漫步者这个形象本身的临界性，既不属于户外的都市空间，也不属于中产阶级钟情的居家环境，相反，他在人群中安家，街道成了他的短暂居所。漫步者"靠在房屋外的墙壁上，就像一般市民在家中的四壁里一样安然自得"（本雅明，2014：60）。

此外，如拱廊街（passage）这个单词本身的词根 pass（穿行，通过）所示，这是一个过渡性的空间，短暂出现后即被拆除替代。自 19 世纪 60 年代奥斯曼对巴黎全面改建以来，拱廊街迅速进入了荒废没落的阶段，取而代之的是宽阔大道和百货商店①。而游荡在拱廊街这个过渡性空间里的都市漫步者，似乎也同样变成了一个转瞬即逝的历史形象。大卫·弗里斯比（David Frisby）显然赞同这种观点，他认为，"真正的都市漫步者是时刻遭受人群和生产商品化威胁的一种过渡现象"（1986：251）。漫

① 在法国第二帝国时期，掌权的拿破仑三世特命建筑师奥斯曼对巴黎进行改造，减轻城市的拥堵状况，让空气流通更健康，让整个城市更高贵伟大，也就是，使巴黎成为世界之都。这项工程从 1853 年持续到 1870 年奥斯曼离职，在此期间奥斯曼不仅改建中世纪遗留下来的狭小街道和民居，还大肆拆除了许多兴建于 19 世纪初的拱廊街，因而，波德莱尔在 19 世纪 60 年代评析都市漫步者的时候，分析的是艺术现代性，但借用的人物形象却日渐消散，失去其生存空间，终将谢幕。当然，就城市发展而言，奥斯曼的成就是不可否认的，马歇尔·伯曼（Marshall Berman）在现代性分析中提出，奥斯曼的工程不仅改变了都市面貌，而且激发加强了市民精神的现代化，巴黎不再是由一群各自封闭的小块地域构成，所有封闭的地方都被打开，被纳入了一个"物质的、人性的、综合性的空间"（1982：151）。

步者起源于19世纪初的巴黎，见证了都市现代化的开端和兴起，却也随着城市生活本质的改变和商品生产需求的变化而改变，最终被边缘化，湮没于历史。

然而，所谓“真正的都市漫步者”从来都没有完全明确统一的定义。本雅明在对波德莱尔作为艺术家都市漫步者的处境表示惋惜的同时，也对漫步者这一形象进行了提炼和理论化，将其变成一个用来批判资本主义社会商品化和大众消费的分析方法，一种对待知识文化及其社会语境的视角，一个用以捕捉自身所处的现代社会空间特征的关键意象。要理解这一理论化过程，我们需要了解本雅明独特的历史观以及他对“当下”（the now）这个概念的阐释。

在《历史哲学论纲》一文中，本雅明（1969）对资本主义现代社会的“进步”概念进行了批判。在历史学家看来，人类历史进步向前，历史事件在“一种同质、空泛的时间”内如同“一串念珠”似的形成一连串有前因后果的整齐排列，在这种线性时间观念下，当下是连接过去和未来并向着未来发展的一环（1969：262—263）。但是，本雅明指出，时间之所以被赋予线性向前、同质性的特征，是因为所有不符合官方历史叙事的、异质性的过去事物都被压制剔除，历史总是由胜利者撰写的关于自身成就的故事，所有与其相冲突的人物事件不仅在过去被压迫，而且在历史叙事中亦会被再次压制被遗忘。

与此相对，本雅明提出的时间观具有空间性，他所说的“当下”不是一个过渡阶段，相反，“在这个当下里，时间静止不动，是停顿的”（1969：262）。那些异质性的元素暗含着过去的真实图景，它作为意象闪现，从原有的同质性的历史语境中脱离出来，与目前的时代形成一个如星群一样的组合范式（constellation），过去与现在并列出现，促成新的意义的产生。意象，在本雅明的论述中，指的就是那些属于过去但又在当下再次闪现的事物，讨论意象就是参与这样一种定格的辩证法：“虽然现在之于过去只有纯粹时间上的、连续的关系，过去之于现在却是一种辩证关系：并非进步向前，而是突然闪现的意象——只有辩证意象才是真实的图景。”（Benjamin，1999：462）

而19世纪巴黎的漫步者，作为一个游离于社会边缘、以闲散姿态反抗资本主义且随着拱廊街的消失即将一同被历史抹去的存在，对于本雅明来说就是这样一个可以用来捕捉辩证意象的概念：“在都市漫步者游荡的途中，遥远的时代和地方与目前的时刻和地形相互渗透。”（Benjamin，1999：420）漫步者可以搜集散落周围的属于过去的碎片，重构或重现这些意象，形成新的组合方式，从而探索过去和现在所展现的新的意义。而重构的方法则是蒙太奇式（montage）的拼贴，保留意象原有的含义和特征，而非将其打碎融入一个同质性的、统一的观点。这样一来，漫步者本身融合了处于不断构建、重建、更新过程中的过去和现在，它自身也变成了一个辩证意象，既属于历史，也影响未来。

可以说，漫步者不仅是本雅明的研究对象，漫步者的存在方式也成了他的研究方法。在恩斯特·布洛赫（Ernst Bloch）看来，阅读本雅明的作品《拱廊街计划》就像是一场漫步，读者像一个哲思的、形而上学的都市漫步者穿过并浏览大片看似混杂的、碎片式的文献（Frisby，1986）。因而，正如论说都市漫步者的波德莱尔在其后继者本雅明的笔下，成为了漫步者的典范，而将漫步者理论化的本雅明也在后来的批评家笔下，变成在研究中践行都市漫步方式的代表，每一位评论者似乎都无可避免地变成了被评论的对象，正如漫步者之于其所观察的都市景象，从来都没有明晰的旁观与参与的区分。

五　当代都市文化中的漫步者们

在本雅明之后，有不少作家、艺术家和学者继承发展漫步者的概念，把它转化为一类独特的感知方式，一种分析范式，或是一种对待知识及其社会语境的态度等。可以说，在当代都市文化研究中，都市漫步者不仅没有湮没于过去的废墟，反而获得了极大的生命活力，延伸出了多种多样的漫步者们。如苏珊·巴克-莫尔斯（Susan Buck-Morss）所言，随着都市空间变化而消失的绝非都市漫步者这个概念自身，而是它的“边缘性”，如今，“漫步者所体现的观察态度已经渗透在现代生活的方方面面”（1986：104）。以下从心理地理学（psychogeography）和女性都市漫步者（flâneuse）两个方面，对漫步者的延伸和发展进行简要介绍。

一方面，在20世纪五六十年代的情境主义国际（Situationist International）运动中，其核心人物居伊·德波（Guy Debord）将漫步者在都市空间里的闲逛方式，转化为心理地理学中的漂移（dérive）策略，把消极被动、随波逐流、仍保有一定“回身的余地”的闲逛，转化成游戏的、致力于积极建构的行走方式，力图通过漂移来探索都市地理空间对人的心理和情感的影响，从而发起对现代都市里日常生活的变革，抵抗资本主义消费社会人的异化现象（McDonough，2004）。德波对资本主义的批判，也体现在他的名著《景观社会》（*The Society of the Spectacle*）一书中。受德波思想的影响，20 世纪 90 年代以来，英国作家伊恩·辛克莱尔（Iain Sinclair，1991，1998）在面对经历了后工业化转型、城市景观化等一系列变化的伦敦时，以一个当代漫步者（辛克莱尔称之为“跟踪者”，stalker）的偏执姿态，游荡在伦敦隐秘的角落，并将漫步的经历呈现为散文作品，试图用文字构建出一个高度个人化的、神秘古怪的伦敦来抵抗体现资本主义逻辑的都市改建和再开发计划。

另一方面，批评家珍妮特·沃尔夫（Janet Wolff，1985）提出，围绕现代性展开的讨论一直以来都是关于男性都市体验的论述，女性是缺席的，一如现代性的典型形象都市漫步者默认的是法语中的阳性名词形式 flâneur。女性都市漫步者（flâneuse）不可见或不存在的这一现象，反映了现代公共空间在地理、社会和文化等层面对女性的排斥。沃尔夫的观点引起了热烈讨论，有赞同者，如格里塞尔达·波洛克（Griselda Pollock，2003）；有反对者，如伊莉莎白·威尔森（Elizabeth Wilson，1992）；有学者研究分析过去女性作家的城市书写，从中寻找或论证一种女性独有的城市体验和城市意识（Parsons，2000）；此外，还有当代女作家身体力行地实践都市漫步，并直接书写当代女性的都市感悟（Elkin，2016）。如今，围绕女性都市漫步者这个概念延伸而来的各种问题，如女性在城市公共空间所遭遇的机遇、危险、困难等，仍是艺术创作和文化研究领域的重要主题。

六　结语

都市漫步者发源于 19 世纪的法国巴黎，作为历史人物形象的漫步者虽然早已过时，但在波德莱尔的现代性探究和本雅明的资本主义文化批评中，漫步者不再局限于特定的时空，它已经演化成为一个独一无二的意象，进入现代都市文学和文化研究的广阔领域中。通过这个意象，人们可以更好地理解自身所处的这个瞬息万变的当代都市空间，探索并反思其社会、地理、性别等方面的特征和问题。

参考文献

Benjamin, W. (1969) *Illuminations*. Translated by Harry Zohn. New York: Schocken Books.

Benjamin, W. (1999) *The Arcades Project*. Translated by Howard Eiland and Kevin McLaughlin. Cambridge, Mass: The Belknap Press.

Berman, M. (1982) *All That Is Solid Melts into Air: The Experience of Modernity*. London: Penguin.

Buck-Morss, S. (1986) The Flaneur, the Sandwichman and the Whore: The Politics of Loitering. *New German Critique*, (39), 99-140.

Elkin, L. (2016) *Flâneuse: Women Walk the City in Paris, New York, Tokyo, Venice and London*. London: Chatton & Windus.

Ferguson, P. (1994) The Flâneur on and off the Streets of Paris. *The Flâneur*. Edited by Keith Tester. London: Routledge, 22-42.

Frisby, D. (1986) *Fragments of Modernity: Theories of Modernity in the Works of Simmel, Kracauer and Benjamin*. New York: Routledge.

Jay, M. (1993) *Downcast Eyes: The Denigration of Vision in Twentieth-Century French Thought*. Berkeley: University of California Press.

McDonough, T. (2004) Situationist Space. *Guy Debord and the Situationist International: Texts and Documents*. Edited by Tom McDonough. Cambridge, Mass: MIT Press.

Parsons, D. (2000) *Streetwalking the Metropolis: Women, the City and Modernity*. Oxford: Oxford University Press.

Pollock, G. (2003) *Vision and Difference: Feminism, Femininity and the Histories of Art*. London: Routledge.

Sartre, J. (1958) *Being and Nothingness*. Translated by Hazel Barnes. London: Methuen & Co Ltd.

Shaya, G. (2004) The Flaneur, the Badaud, and the Making of a Mass Public in France, circa 1860-1910. *The American Historical Review*, 109 (1), 41-77.

Sinclair, I. (1991) *Downriver (Or, The Vessels of Wrath): A Narrative in Twelve Tales*. London: Vintage.

Sinclair, I. (1998) *Lights Out for the Territory: 9 Excursions in the Secret History of London*. London: Granta.

Tester, K. (1994) Introduction. *The Flâneur*. Edited by Keith Tester. London: Routledge, 1-21.

Wilson, E. (1992) The Invisible Flâneur. *New Left Review*, (191), 90-110.

Wolff, J. (1985) The Invisible Flâneuse: Women and the Literature of Modernity. *Theory, Culture & Society*, 2 (3), 37-46.

[德] 本雅明：《发达资本主义时代的抒情诗人》，张旭东、魏文生译，生活·读书·新知三联书店2014年版。

[法] 波德莱尔：《波德莱尔美学论文选》，郭宏安译，人民文学出版社2008年版。

郭军：《都市漫步者（Flaneur）》，《国外理论动态》2006年第2期。

[法] 柯布西耶：《明日之城市》，李浩译，中国建筑工业出版社2009年版。

The Flâneur: Spectator and Participator of Modern Urban Culture

Zhang Pei

Abstract: The flâneur is a key image in the study of modern urban literature and culture. This paper first offers a brief introduction to the social background of its initial appearance in history. It then looks at the French poet Charles Baudelaire's discussion on modernity and explores his association of the flâneur with artists and art creations in and about modern cities. Later, in the German thinker Walter Benjamin's study of capitalist urban modernity, the concept of flâneur is further theorized. Benjamin reveals the self-contradictory nature of the flânuer, that is, a constant oscillation between the stance of the spectator and that of the participator. This self-contradiction also exerts a huge influence on the ways in which the concept of the flâneur is expanded and developed in contemporary urban culture study.

Key words: Flâneur; Urban culture; Modernity; Benjamin

《赫索格》：犹太人文思想之反击

吴　晶[*]

摘　要：《赫索格》（1964）是犹太裔美国作家索尔·贝娄最负盛名的一部长篇小说，为贝娄赢得了诺贝尔文学奖，并在其创作历程中起到了承上启下的重要作用。贝娄通过对犹太知识分子赫索格的人物塑造及其深陷的困惑、苦恼与思想搏斗，对反犹主义与法西斯主义思想进行了直接抨击，表达了对现代社会人文关怀缺失的焦虑，呼吁犹太人文思想与伦理传统复兴，展现出独特的犹太性。

关键词：《赫索格》；犹太性；人文思想；反犹主义

《赫索格》（1964）可谓索尔·贝娄的巅峰之作，为他赢得了一系列重量级奖项，包括美国国家图书奖（1975）、法国文学艺术骑士勋章奖（1975）、比奈贝里斯犹太人遗产奖（1975）以及诺贝尔文学奖（1976）。这部小说在美国文坛占有重要地位，是贝娄文学写作生涯的里程碑。作品如交响曲一般，既糅合了贝娄早期创作中所表达的困惑与希冀，又将张力与冲突推向理智主义的更高层次，开拓并奠定了其后期创作风格。小说主人公赫索格既带有贝娄前期作品人物，如约瑟夫、利文撒尔、威廉、奥吉和亨德森等人的影子，也成为后期贝娄式知识分子形象，如赛姆勒、洪堡、希特林、科尔德特和拉威尔斯坦的原型。

主人公摩西·以利加拿·赫索格人到中年，是两个孩子的父亲、芝加哥大学教授、西方历史和哲学专家，著有《基督教与浪漫主义》。他经历了两次失败的婚姻，第二次离婚的诱因竟是妻子玛德琳和他的好友瓦伦丁·格斯贝奇私通。小说开篇即赫索格的内心崩溃式独白：“如果我真的

---

* 作者简介：吴晶（1982—　），女，陕西师范大学外国语学院副教授，研究方向：外语语言文学。

疯了，也没什么，我无所谓。”（Bellow，2007：417）整部小说记录了赫索格在不稳定的精神状态下的种种荒谬行径。他如滚石一般，慌张地从一个地方飞向另一个地方，欧洲、纽约、马迪尔的温亚德港、芝加哥等，以按捺内心的愤懑与焦虑。他同时沉浸于给各种各样的人写信，如他的朋友、熟人、伟大的哲学家和当代政治领导家，而他从未寄出那些信件。故事的至高点即他的精神达到崩溃的极点，他找出父亲的手枪准备杀死玛德琳和瓦伦丁二人。而当他看到瓦伦丁为自己的女儿琼洗澡的温馨画面时，杀戮的冲动瞬间消失了。贝娄为小说安排了一幕带有喜剧反讽色调的结局。赫索格在放弃谋杀计划后带着女儿去博物馆的路上，遭遇了一场车祸，随即被警察发现携带枪支而被带进了警局。最后在兄弟威尔的帮助下，他被释放出狱，回到了自己在马萨诸塞州西部的破旧房子里，即故事开始的地点。待他恢复清醒与理性之后，他停止了写信，静待新生活的到来。

赫索格那些信件所倾吐的深度思想，使该小说不局限于婚恋背叛或个人异化等单一维度。赫索格的疯狂反映的是整个时代的疯狂。20 世纪 60 年代，整个西方世界经历着巨大的政治、社会、经济变化和转型，在“摇摆的六十年代”（Goldman，1983：141），人们质疑一切。这部小说反映了贝娄对战后美国各种社会洪流冲击下的文化张力和文化焦虑问题最直接与最全面的探索。

“二战”后“婴儿潮”涌现出一代放荡不羁爱自由、禀赋革新精神的年轻人，他们反抗美国传统文化结构，吹起反文化革命号角。美国和苏联之间的冷战延伸到了外太空，阿波罗成功登陆月球。世界布满暴力与战争的阴霾。美国侵越战争、古巴猪湾入侵事件、1961 年刚果总理帕特里斯·卢蒙巴遭遇恐怖分子谋杀、1963 年肯尼迪总统遇刺，同年美国有色人种进步协会外勤秘书长米格尔·埃弗斯比被三 K 党谋杀，种族灭绝的阴霾再次袭来。美国社会运动思潮改变着社会结构——马丁·路德金和斯托克利·卡迈克尔倡导民权运动，促使民权法案于 1964 年得以立法。西班牙裔人数增加，美洲印第安人的保护政策使社会体制进入了一种多民族融合新趋势。第二次女权运动兴起，改变了社会权力的性别结构。贝蒂·弗莱顿的《女性奥秘》（1963）一书揭露了女性所受的不平等待遇，催生了女性自由主义思想运动。1964 年性别问题被列入人权法案。1967 年，人们已使用避孕药，流产也被承认合法化。

面对这样一个经历着翻天覆地大变革的时代，犹太知识分子赫索格的歇斯底里反映的是一种必然的文化现象。瓦伦丁和玛德琳的背叛代表了式微的父权契约传统和当代犹太伦理遭受颠覆的威胁。赫索格以其独特的反抗与斗争方式，即他的信件，表达了他的犹太人文主义与反现代主义的立场。

赫索格的名字 Herzog 由“Herz”和“zog”组成，“Herz”在德语中意为“心”，“zog”在意第绪语中意为“说”，这个词传达了意第绪语的“心在说话”之意（Aharoni，1988：90）。赫索格写给他人的信件构成了一部现代律法书，反映了他对现代社会文化的反思，重申其犹太信仰和人文关怀。赫索格的思辨不仅深化了“痛苦”的哲学内涵，也反映了犹太知识分子不屈不挠的抗争精神。他的写作批判了大屠杀之后的反人文主义和反犹太主义的意识形态，呼吁犹太伦理的复兴。正如梅尔文所说，“正是赫索格的犹太思想摒弃了‘人类第一次堕落’的谬言，否决了海德格尔‘人第二次堕落’的臆说，排斥了价值观的绝对科学论、宇宙空间对人类价值的破坏性，否定了弗洛伊德的唯‘性’言说，蔑视黑格尔的决定论与软木塞之说。”（Melvin，1965：280）赫索格的呐喊是在文化碰撞中的求生之声，他所坚持的是犹太知识分子与现代个体在社会变迁中的责任与担当，而他所寻觅的也正是美国文化适应与犹太文化传统传承之间的平衡。

反犹主义是历时最长、范围最广、悲剧性最浓烈的种族主义仇恨和迫害，殃及世界上 30 多个国家。反犹主义思想起源于古希腊罗马时期，经过了基督教主导时期、伊斯兰教早期、中世纪宗教改革、18 世纪启蒙运动，于 20 世纪的希特勒大屠杀达到高潮。小说中赫索格将玛德琳和格斯贝奇的背叛提升到了反犹主义和反人文主义意识形态的严肃层面。两位通奸者象征着被异化、被战后西方世界同化的犹太人，其背叛激起了赫索格反击浪漫主义、基督教教义和大屠杀中最反人道主义暴力的原始意识形态。

赫索格在偏远乡村一间小屋创作了他的专著《浪漫主义与基督教》。那间小屋的艰苦条件模仿了《新约》作者圣约翰在希腊偏远的帕莫斯岛洞穴里创作《启示录》的场景。屋里的“管道必须用蜡烛来解冻”（Bellow，2007：535）。当赫索格做完关于西方哲学的讲座后，一位年轻法官祝贺他：“教授，艺术是属于犹太人的!”赫索格点头回答：“它过去可是高利贷。”（Bellow，2007：695）赫索格的幽默表达了他对犹太教信仰的肯定，并推翻了反犹主义者诽谤犹太人没有自己的艺术创作，以及“高利贷者”“非人类”“无用的饭桶”和“劣等种族”等寄生形象的谬论。

玛德琳由犹太教转信天主教，笃信基督人格化观念。“将她从教堂里拯救出来”成为赫索格娶她的动机之一。赫索格通过对玛德琳夜里享受着奸淫之欢、白天又去教堂忏悔求主原谅等行为的描述，强烈讽刺和揭露基督教一方面宣扬耶稣的博爱，另一方面却散播反犹太主义思想，为几千年来迫害和杀害犹太人的罪恶行径找借口的虚伪一面。玛德琳与家族传统决裂、转向天主教信仰，象征着基督教由犹太教衍生并与其分离的宿果。玛德琳对基督教教义极端痴迷，她不仅参加各种宗教仪式，还沉迷于基督教的研究工作。她的博士学位论文选题“俄罗斯宗教史”充满了反犹太主义和宗教偏执色彩。她还在卧室床上搭建了一堵俄语书墙，以示与赫索格划清界限。

赫索格在陪玛德琳去天主教堂时，不断质问自己：“他在这里做什么呢？他是一个丈夫、一位父亲、已婚人士。可他也是个犹太人啊。他在天主教堂里做什么呢？”（Bellow，2007：657）他自称为“非基督教徒”，生活在“后唐吉坷德、后哥白尼时代的美国”（Bellow，2007：707）。与“新教北欧盎格鲁—凯特尔”精神病学家埃德维格会面时，赫索格挑衅地问：“你认为20世纪任何一位基督教徒有资格谈论犹太法利赛人吗？从犹太人的角度看，你知道，这并不是你们最得意的时代。”（Bellow，2007：474）赫索格否定基督教，将玛德琳荒谬虚假的理性思维归咎于她有病，于是他将她看作病人一样去爱惜和呵护，正如“摩西对病人总是特别同情”（Bellow，2007：472）。

尽管赫索格所处的年代教堂礼节已逐渐简化，嬉皮士们掀起尼采式反文化浪潮，但美国是世界上最大的基督教国家，门派众多，例如罗马天主教、浸礼会、卫理公会、路德会、圣公会，以及许许多多没有起名的教堂。基督教在欧洲人的生活中变得无关紧要时，却在美国蓬勃发展，直到21世纪，仍然占据重要地位。美国的犹太移民一直面临着来自基督徒的反犹太歧视与攻击。玛德琳积极适应时代变化，追逐自身利益的实现与自我身份重构。而赫索格是在乎兄弟义气与大同思想的犹太教徒，无法苟同基督教的耶稣意象。他在书中写道：

“这一代人的哲学是什么？不是‘上帝死了’，那口号早就过时了。

或许应该说是‘死亡是上帝’。这一代人认为——他们最核心的想法就是——任何忠诚、可敬、脆弱的东西都不会持久或富有真正的力量。死亡静候着这些东西，就如水泥地面等待着灯泡的掉落……如果曾经的上帝存在，他一定是个杀人犯。但是真正的上帝是死亡。”（Bellow，2007：735）

赫索格嘲讽的是基督教的救世之神，谴责耶稣应该为反犹屠杀和现代社会堕落承担责任。他还进一步批判尼采的意识形态，指责其与基督教同流合污，宣扬反人道主义、反犹太主义谬论。

“尼采秉承基督教的历史观，总认为当时当下是一种危机、一种原始的堕落、一种期待被救赎的腐败或邪恶。我就称这种思想为基督教。玛德琳就是这样想的。她觉得我们中毒太深、急需解药、亟待被拯救。玛德琳想要个救世主。”（Bellow，2007：472）

赫索格专门给尼采写了一封信，谴责其反人道主义思想。

“您说到酒神精神之伟大，可承受一切恐惧与疑惑，可使自己沉溺于毁灭的奢侈，去见证腐烂、龌龊与邪恶的种种行径。酒神精神之所以能够做到这些，是因为它具有与自然同样的恢复力。你想让我们与空虚共处。不欺骗自己所谓的人性本善、人与人之间应相互信任、拥有基本人文关怀，而要像从未被质疑的那样去质疑，不断地用坚定的信念去探究邪恶深渊、穿越邪恶中心、与邪恶擦身而过，不接受任何人的怜悯。这是最绝对、最尖锐的问题。就这样否决人类！否决那群普普通通、脚踏实地、繁衍生息、臭气熏天、阴暗湿晦的暴民，特别是那群更糟糕的‘文化人’，那群读书、听音乐会、听讲座、崇尚自由主义和浪漫主义戏剧化‘爱情’和‘激情’的暴民——他们都应该去死，而且必然会死！但是，您的极端分子们必须活下来。您的道德沦丧之人在吃着肉。人类主要依靠扭曲变态的价值观而存活。您的思想如此扭曲变态，跟您谴责的基督教相比，好不到哪儿去。”（Bellow，2007：740-741）

这封信是对尼采思想最尖锐的抨击，是一场反对激进实验派现代思想、捍卫犹太传统伦理观和人类中心主义的战争。这是一场“人”和“超人”之间的战争，一场坚信人类善良本性的犹太信仰与法西斯主义和德国纳粹主义之间的较量。赫索格还把批判矛头指向彭勒的西方衰落之论、海德格尔的“落入了俗世”之说和 T. S. 艾略特的荒原书写（Bellow，2007：567），他抵制与批判后基督教时代西方世界所有虚无主义的意识形态与哲学思想。

赫索格将玛德琳的姘夫格斯贝奇视为浪漫主义和纳粹主义的代表。“他有点像希特勒的私人钢琴家普茨·汉夫斯塔恩。”（Bellow，2007：736）格斯贝奇追求的浪漫自我可以概括为“随意的反复无常”。赫索格引用卢梭的名言“我对自己和世界有清醒的认识”（Bellow，2007：534）来阐释典型浪漫主义所提倡的生命活力论。“生而无死”成为德国浪漫主义推崇者的口号。“活力”成为浪漫主义的关键词。“所有的一切都被视为是浪漫主义，非理性主义，主体和客体的神秘交融，艺术交融的趋势，对遥远和陌生的渴望，对历史发展无限性和连续性的感受——所有这些都是德国浪漫主义的特征。”（Viereck，2004：42）格斯贝奇和玛德琳在追求自我个体感受与利益以及反犹太思想上产生了共鸣与联结。

赫索格的斗争最终上升到反对阿道夫·希特勒在“二战”中实施的最惨绝人寰的种族灭绝行径的高度。基督教、尼采主义、浪漫主义都被纳粹政治人所利用和滥用，酿成了人类历史上最大的悲剧。正如赫索格描绘的瓦伦丁“是一个从可怕的失败中崛起的人，是常人无法忍受的苦难中的幸存者，他把死亡讲得庄重威严”（Bellow，2007：478）。这是在指桑骂槐，形容德国遭受了第一次世界大战的失败和耻辱，“二战”中德国在纳粹主义洗脑下为了民族乌托邦在集中营里进行死亡复仇。希特勒把基督教反犹太主义、民族反犹太主义和种族反犹主义三种现代反犹主义的变体结合在一起（Maccoby，2006：2）。他利用基督教的言辞将自己装扮为现代救世主和德国弥赛亚（元首），以消灭寄生弱小的犹太种族，捍卫“上帝的工作”，重建雅利安人纯种民族、清除犹太血统的世界。他滥用尼采提出的超人神话和社会达尔文主义物竞天择理论、浮士德精神、瓦格纳/张伯伦等法西斯主义以及在中世纪生物优生主义的影响下建立的悲观主义、个人主义、资本主义等国家极权理论，其领导下的第三帝国实施了犹太历史上以及整个人类文明史上最残暴的灾难——犹太大屠杀。

纳粹党人企图通过灭绝东欧犹太人的生物基因以铲除犹太文化根基。据刽子手头目阿道夫·艾希曼供词，他们图谋“让受西方同化包括受美国同化的犹太人无法弥补这一巨大血光之灾，犹太人再无未来一代可言”（Berger，1985：12）。“特别行动队领导层做的最醒目的事情就是全面围杀教育人士、各行专家，尤其是律师、博士甚至牧师”“1939年，超过百分之八十的遇难者是犹太学者、拉比和《托拉》的教授与全日制学生。”（Greenberg，1975：521-523）

赫索格属于“没有创伤却留着伤疤，没有经历却存着记忆”的犹太后裔一代；玛德琳和格斯贝奇等则是完全被美国同化和丧失了犹太传统价值观的犹太后裔。20世纪60年代见证了另一波大型社会变革，其口号与30年前纳粹曾经用过的标语“运动”雷同。艾伦·布鲁姆评论道：“美国人新的生活方式已经成为魏玛共和国家庭的迪尼斯乐园版本。”（Bloom，1987：147）赫索格与他的同龄弄潮儿格格不入，他坚守犹太传统的人文关怀，与日耳曼反犹主义和反人文主义意识形态做斗争。赫索格对大屠杀记忆深刻，“持续地意识到灰暗的波兰四面都是冰冷、暗淡、血灰的，石头上仍留有战争时期杀戮的味道。他觉得自己闻到了血的味道。他多次去参观犹太人区的废墟”（Bellow，2007：442）。赫索格把强烈的犹太意识和不屈不挠的犹太知识分子精神结合起来，以粉碎纳粹的反犹幻想。他深刻地讽刺道：

“有一条著名的建议、伟大的建议，它来自德国，就是：忘记你不能忍受的。强者可以忘记历史，将历史拒之门外。很好！尽管如此，尼采非常肯定，你不能把一个噩梦变成另一个噩梦，这也是真实的。温柔的人必须坚强起来。”（Bellow，2007：709）

贝娄借赫索格之笔在这部小说里正面直接地对反犹太和反人文思想进行了反击。早年作品中的主人公，例如约瑟夫和莱文塔尔，会在噩梦中与法西斯嘶喊“你杀死了我们六百万同胞”（Bellow，2007：100）。继《赫索格》之后，贝娄在《塞姆勒先生的行星》中进行了零距离大屠杀书写，主人公萨姆勒先生亲身经历了奥斯维辛集中营与波兰大屠杀。

《赫索格》的结局极富犹太性。在赫索格被仇恨冲昏了头脑、顿生杀人之心时，他偷看到格斯贝奇给女儿琼洗澡的一幕，即刻恢复理智、从痛苦纠结中回到了现实。这个细节反映了犹太人性观。犹太思想既承认人类的脆弱，认为人性弱点是受耶茨哈拉（yetzer ha-ra 邪恶动力）驱使，同时也强调人的社会责任感是受耶茨托夫（yetzertov 善良动力）驱使，以压抑与泯灭谋杀冲动。杀人和想杀人是两个截然不同的概念，想法和行动之间存在差异。与基督教的杀人邪恶论相比，犹太观点更有人情味和自由主义特点，“除非你真的犯了罪，否则不论你想什么、梦到了什么，你都不会因此有罪”（Fackenheim，1970：80）。赫索格决定放弃谋杀、停止自怜自艾的同时，也停笔终止写信、以宽容与让步的姿态结束了思想斗争，并更加坚定了自己的犹太信仰。

对赫索格来说，信仰是契约行为的内化。赫索格的信仰并没有被框定在神圣环境中，而是落实到生活的点滴琐事上。赫索格的精神之旅证实了（犹太）神的存在。赫索格粉碎了当代偶像论、承接住了人性的不完美，自嘲道："我有意误解自己的合同。我从来都不是本金，只是贷款者。显然，我继续相信上帝。尽管我从来没有承认过。但还有什么能解释我的行为和生活呢？"（Bellow，2007：521）他借用亚伯拉罕的谦卑语言宣告对上帝的信仰："Hineni！（我在这里）""上帝啊，让天使赞美你的名字"（Bellow，2007：704），重申了犹太一神论上帝形象。"有人可以毁灭人类，有人愚蠢、傲慢、疯狂，祈求不要这样做。让人类的敌人毁灭，让每个人反省自身。让我们，男人、女人和孩子都倒下，哭泣，让生活继续——我们可能不值得生活这样对待我们，但让它继续下去。"（Bellow，2007：467）

赫索格的犹太信仰是理性的。"对自己的恶行觉得无所谓就说：没有人看见我；你的智慧和知识使你迷失了，你在心里想着：我在这里，没有其他人。"（《以赛亚书》47：10）崇拜理性是傲慢、缺乏智慧的表现，拒绝理性是懦弱的表现、是对信仰的背叛。赫索格充分意识到理性在生活中的重要性，"信仰基于理性。没有它，世界的混乱将不只是被个别组织所控制"（Bellow，2007：456）。

面对挫折和迫害，理性需要自我克制和自我控制来加深宽容和忍耐的深度，以确保人类存在的价值得以延承。正如法肯姆所说："经历过奥斯维辛集中营的犹太人证明了忍耐这种品质。他见证了一个事实，没有忍耐，我们都将被毁灭。他见证了那些可以忍受的东西，是因为我们必须忍受；我们必须忍受，是因为我们别无他择。"（Fackenheim，1970：95）赫索格的容忍体现了犹太人道主义观念与对生命本身的敬重。赫索格重新开始社交活动，与拉莫纳的关系发展到一个更成熟稳定的阶段，准备清理东西、开启生活新篇章。赫索格通过人文主义反抗反人文主义，其斗争转变、升华为对上帝和人类生活的信念，诙谐地与情敌道别："格斯贝奇，很高兴你得到了玛德琳。享受和她一起的时光——和她一起快乐吧。但是你永远不能通过她影响到我。"（Bellow，2007：739）

参考文献

Alan, L., *Crisis and Covenant: The Holocaust in American Jewish Fiction*, State University of New York Press, 1985.

Bellow, Saul, *Herzog* in *Saul Bellow Novels* 1956-1964, New York: Literary Classics of the United States, Inc., 2007.

Berstein, Melvin, "Jewishness, Judaism and the American Jewish novelists", *The Chicago Jewish Forum*, Vol.23, 1965, pp.280-282.

Bloom, Allan, *The Closing of the American Mind*, New York: Simon & Schuster, Inc., 1987.

Fackenheim, Emil, *God's Presence in History: Jewish Affirmations and Philosophical Reflections*, New York: New York University Press, 1970.

Greenberg, Irving, "Judaism and Christianity after the Holocaust," *Journal of Ecumenical Studies*, 12: 4, 1975.

Maccoby, Hyam, *Anti-Semitism and Modernity*, New York: Routledge, 2006.

Viereck, Peter, *Metapolitics: From Wagner and the German Romantics to Hitler*, New Jersey: Transaction Publishers, 2004.

Herzog: Counterattack of Humanism

Wu Jing

Abstract: *Herzog* (1964) is the most successful novel which won the Jewish American writer Saul Bellow the Nobel Prize for literature and played a transitional role in Bellow's creations. Through the characterization of the Jewish intellectual Herzog and depictions of his confusions and inner struggles, Bellow waves a most direct attack on antisemitic and fascist ideologies, expresses anxiety for the lack of humanistic care in modern society and appeals for the revival of Jewish humanism and traditional ethics, and by so doing presents unique Jewishness.

Key words: *Herzog*; Jewishness; Humanism; Anti-semitism

浅析《赢利》中的象征

雷　震*

摘　要：作为“X 一代”（“X Generation”）的代言人，美国小说家理查德·鲍尔斯（Richard Powers）被认为是后品钦（Post-Pynchon）时代最重要的也是最多产的作家之一。鲍尔斯的小说《赢利》（*Gain*）于 1998 年出版，一经出版便成为畅销书。由于鲍尔斯的小说充满了科技术语，人们将他的小说称为“信息小说”（information novel），很多普通读者（特别是那些没有专业背景知识的读者）很难读懂这些小说，至今国内仍鲜有人研究他的作品。小说《赢利》中有许多发人深省和值得探究的象征，比如“克莱尔”、肥皂以及赢利。因此，本文将探讨和研究《赢利》中的象征，希望能对现在和将来的研究提供一些指导。

关键词：《赢利》；象征；克莱尔

一　鲍尔斯及其作品《赢利》

理查德·鲍尔斯（Richard Powers，1957—　）出生于美国伊利诺伊州的埃文斯顿（Evanston，Illinois），是美国后现代主义小说的重要代表人物之一，也是后品钦时代最多产的作家之一，《纽约客》杂志（*The New Yorker*）将其称为“我们这个时代最有才华的作家”。迄今为止，鲍尔斯已有 11 部小说问世，并多次获得美国国家图书奖（National Book Award）以及普利策奖（The Pulitzer Prize）。受品钦（Pynchon）等作家的影响，他的小说囊括了 20 世纪以及 21 世纪最新、最前沿的科学技术，并将科学信息融入小说创作中，创造出了科学现实主义小说，内容涉及计算机编程、艺术、音乐、医药、物理学、分子生物学、神经学、基因工程、

---

* 作者简介：雷震（1978—　），男，陕西三原人，陕西师范大学外国语学院讲师，在读博士，研究方向为大学英语教学、国家（文化）安全学。

核武器、人工智能、生态环境学、虚拟现实等各个领域。也正是如此，人们将他的小说称为“信息小说”（information novel），其小说主要探讨人类和科技的关系。

鲍尔斯的《赢利》（*Gain*）于1998年出版，1999年便获得“库柏历史小说奖”（the James Fenimore Cooper Prize for Best Historical Fiction），该奖是美国历史小说最高奖。美国当代文坛最负盛名的作家约翰·厄普代克（John Updike）曾在《纽约客》杂志上这样评价鲍尔斯的《赢利》，这部小说关注的是保持美国干净的肮脏商业，是肥皂和死亡。在《赢利》中，鲍尔斯运用了平行叙事的写作技巧，故事由两条平行相关的线索组成，即克莱尔公司（the Clare International）的发展史及劳拉·博迪（Laura Bodey）从身患癌症到死亡的历程。也就是说，该故事有两个主人公，一个是单亲妈妈劳拉，另一个是克莱尔公司。克莱尔公司成立于1831年，位于马萨诸塞州的首府波士顿，为三个一无所有的克莱尔兄弟所创建，是个家族企业。起初，该公司主要生产制造肥皂和蜡烛，经过一个半世纪的发展，该公司逐渐扩张到其他领域，并由一个小作坊发展成为一个有影响力的跨国企业。而劳拉则是一个42岁的离异妈妈，身患卵巢癌，有个十七岁的女儿埃伦（Ellen）和一个十二岁的儿子蒂姆（Tim）。与此同时，她也是雷斯伍德（Lacewood）小镇上的一位房地产经纪人。该镇是克莱尔公司北美农产品分公司的总部，所排放的大量致癌废物逐渐渗透到了小镇的河流和土壤中，也渗透到了劳拉的房屋和花园里，致使劳拉患癌。

克莱尔公司的发展史通过说明文阐述，而劳拉从身患癌症到死亡的历程则由记叙文展开。两条线索相互说明、相互渗透，共同揭示了现代美国社会的困境，也是经济全球化的困境：经济发展和生态环境保护的矛盾与冲突。劳拉与克莱尔公司分别处于天平的左右两端：在小说的开头，劳拉身体健康，此时克莱尔公司挣扎求生；而在小说结尾，劳拉身患癌症，克莱尔公司则成为一个极其繁荣的跨国企业。鲍尔斯通过这一结局揭示出企业和个人之间所存在的千丝万缕联系，也就是企业不仅可以改变个人生活，甚至可以影响个人的生死。《赢利》一经出版，便成为畅销书，在一定程度上成功地唤起了人们保护环境的意识，同时也加深了人们对资本和技术异化的反思。

二 “克莱尔”的象征意义

克莱尔是小说《赢利》中一个重要的象征，克莱尔意味着清洁，不仅是一个人名，而且是一个公司的名字。该公司由杰弗瑟·克莱尔（Jephthah Clare）和他的三个儿子所创建，克莱尔公司应运而生，该公司的宗旨和希望便是自己所制造的肥皂能给人们带来清洁，带来安全。起初，克莱尔公司挣扎求生。随着克莱尔公司的发展壮大，它给这个小镇带来了清洁，带来了繁荣，增加了就业，与此同时，这个小镇也给该公司提供了相应的经济基础。此时的克莱尔公司是践行企业社会责任的典范，不仅支持当地社区的文化建设，而且还资助当地的学校。可是克莱尔公司合并之后，不仅漠视小镇居民的生命和健康，还污染了当地环境。雷斯伍德的居民和魔鬼签了合同，根本没有想到他们将来会为此所付出的代价。最后，克莱尔公司所排放的废物污染了雷斯伍德这个小镇，使得小镇成为癌症高发区，很多人因此而患癌。威廉·海涅曼（William Heinemann）指出，理查德·鲍尔斯试图向读者展示克莱尔公司的每个发展阶段，有意识地将克莱尔公司人格化。他不仅描述了克莱尔公司对未来的希望，而且还描述了该公司早期创业时所面临的种种困境。克莱尔公司之所以能无视当地环境和居民健康，是因为该公司享有个人所具有的法律权利和地位，却只承担有限的责任，致使企业的发展牺牲了个人的健康。虽然针对克莱尔公司的集体诉讼最后胜诉了，但克莱尔公司未受到丝毫影响。正如劳拉身体里那不可遏制的癌细胞一样，克莱尔公司也成了一个不受人控制的恶魔，只追求利润。至此，克莱尔公司给人们带来的不再是清洁，而是污染。

小说开头，克莱尔公司处于创业初期，步履维艰，挣扎求生；但该公司有幸成为军队的肥皂供应商，转机也就随之而来。渐渐地，该公司成了一切可以想象到的肥皂和蜡烛的制造商和批发商。凯文·伯杰（Kevin Berger）指出，作为现代高科技的象征，克莱尔公司经历了战争、劳工斗争、经济衰退，最终发展成为一个成功的跨国集团。通过克莱尔公司170年的发展历程，鲍尔斯向我们生动描述了美国企业的发展史，也展示了美国的发展史。

随着克莱尔公司的发展和壮大，公司开始涉足其他行业，如化妆品、医药、威士忌、洗涤剂、农药、化肥等各个领域。在世纪之交，雷斯伍德这个小镇成了克莱尔农业分公司的总部，小镇的命运便和克莱尔集团的命运紧密相连，克莱尔公司似乎能制造一切。渐渐地，镇上居民和劳拉的日常用品都是克莱尔集团生产的，就连劳拉所用的药罐都是克莱尔制造的。劳拉自己都没有意识到，她会时常哼唱克莱尔的企业之歌。这些产品很普通也很常见，以至于他们很少注意到它们的存在。就像劳拉一样，他们的日常用品（包括肥皂和医药）全都是由这些公司生产的，他们每个人都与这些公司紧密相连。最后，克莱尔公司提供的化疗不仅没能治愈劳拉，反而使她破产。他们无法离开这些公司独自生活，劳拉的疾病也是小镇人的疾病，更是美国人的疾病，也是他们每个人的疾病。至此，象征着美国工业的克莱尔公司渐渐地变成了一个恶魔，一个只追逐利润的恶魔，一个完全不受人控制的恶魔。

三 肥皂的象征意义

随着美国经济的发展和社会的进步，人们的物质生活逐渐得到充实，美国人开始怀恋那逝去的印第安世外桃源。此时，本杰明从印第安土著居民那里得到了一种名叫 Utilis clarea 的神秘草药，此草香味浓郁，似乎能医治皮肤疾病。克莱尔公司利用这种草药研发出了一款药皂。这款肥皂的原始吸引力就在于它的双重属性，换言之，肥皂是由脂肪所制成的，不仅可以洗去污物，还可以洗去油脂。起初，克莱尔公司卖的是肥皂，用于洗涤去污。渐渐地，他们开始意识到他们所卖的不仅仅是肥皂，而是肥皂的清洁属性。就像罗兰巴特（Roland Barthes）所说的那样，肥皂是一种具有清洁功能的产品，广告给肥皂增加了神秘感。肥皂象征着清洁和安全，不仅可以洗去身体上的污垢，而且还能洗去美国人消灭印第安文明后的内疚感和罪恶感。

经历了挣扎和繁荣、危机和胜利以及一代又一代的创新，肥皂开始成为传奇，其化学属性、包装、广告构成了这个传奇。克莱尔公司将苏打和动物粪便变成润唇膏，将硫黄和苏打变成漂白剂和颜料，将煤气废水变成肥料，将小苏打和石灰变成药物……所有的化学物质都来源于其他的化学物质，人类或许可以学习如何成为投资者。肥皂象征着美国大陆由原始社会转变为文明社会，象征着资本和科技的融合。鲍尔斯曾指出，肥皂代表着我们生存方式的转变，由动物般的、原始的、农业的生存方式转为天使般的、文明的、工业的生存方式，清洁仅次于神圣。此时，科技已经成为人们追逐“赢利”的工具，企业利用科技可以将无用的材料变成有价值的商品。这款药皂象征着克莱尔公司与其产品功能开始产生距离，也意味着科学、技术、商业与资本的融合。此时，科技已经商业化，不再服务于人们的真实需求。

草药所制成的肥皂不仅能洗去身体上的污垢，似乎还能洗去美国人对印第安人和印第安文明所产生的罪恶感和内疚感。对于美国人而言，肥皂不仅是日常用品，还象征着那逝去的印第安世外桃源，象征着他们的生存方式，象征着他们的美国梦。然而极具讽刺意味的是，在小说的结尾部分，成就了克莱尔商业神话并成为克莱尔公司标识的印第安草药 Utilis clarea，经一位英国植物学家研究证实，根本不是一个具有药用价值的特殊物种，只是一种属于百合科的植物而已。至此，他们的世外桃源不复存在，生存方式受到了挑战，美国梦破灭。

四　“赢利”的象征意义

“赢利”也是这篇小说中的一个重要象征，不仅指这篇小说的名字，也代表现代企业所创造的丰富物质，代表着美国人民的物质梦。“赢利”是每个企业的目标，鲍尔斯在小说《赢利》中建造了一个癌症和资本的神话。在这篇小说中，企业的壮大和赢利与个人健康和价值观的衰亡同时发生。雷斯伍德小镇和克莱尔集团之间这种“浮士德”式的交易是美国整个商业关系的一个缩影。“赢利”意味着我们得到了利润，获得了整个世界，却失去了自己的健康、生命、道德、价值观、灵魂和人性。

“赢利”的对立面就是失去，我们得到一样东西，与此同时，会失去另一样东西。劳拉居住在雷斯伍德，克莱尔北美农业分公司的总部也在雷斯伍德，可是克莱尔公司的利润和成功却牺牲了劳拉的健康和生命；小镇居民得到了工作，却失去了他们的健康和环境。克莱尔公司排放的工业废物污染了当地的环境，毒害了劳拉和小镇居民的身体，但与此同时，克莱尔公司增加了小镇的就业率，给小镇居民提供他们所需要的产品。克莱尔公司所排放的工业废物致使劳拉患癌，但是劳拉的儿子蒂姆却受益于高科技。科技给我们带来了我们所需要的东西，与此同时，它们也可以拿走其他东西。换言之，就像工业化一样，科技是一种让人爱恨交织的东西，“赢利”总是和“失去”相对应。或许小说的主题便是“赢利”及其后果之间的悖论。鲍尔斯提出了一些发人深省的问题，进步必然会带来损失吗？会不会像卷烟焦油一样，“赢利”也能致癌？这一困境贯穿整个小说，甚至每个细节都在阐释这一困境。在超市收银台发生的这一幕便是最好的佐证。“纸袋还是塑料袋？”那个五十五岁的收银员问道。她该怎么说呢，自由还是死亡？对还是错？好还是坏？纸袋还是塑料袋？一种以树为原料，但是却百分之百天然，还可以回收利用。另一种在燃烧的时候释放出有毒气体，但是在制造过程中却不需消耗那么多的燃料，而且还可以转换成野餐桌和乙烯基壁板。企业制造我们所需要的产品，与此同时，这些公司获取了利润却也污染了环境，我们每个人都不得不承受环境破坏所带来的后果。可是我们大多数人却只看到了事情的表面，没有看到企业的本质。这些企业几乎给我们提供了一切东西，早已成为我们日常生活的一部分，甚至连我们所用的肥皂都是它们提供的，没有这些企业，我们就不能生活下去。我们自己创造出了一种消费文化，而企业是这个文化中不可或缺的一部分，我们的生活方式就是建立在企业所提供的各种产品之上，因此我们不得不维持这种消费链和供应链。但与此同时，企业对大自然所带来的破坏是永恒的和不可修复的，对我们每个人都会有深远持久的影响。如果企业继续攫取自然资源、破坏自然环境，我们每个人终将会像劳拉一样为企业的“赢利”付出代价。

《赢利》所讲述的不是个体消费者与企业之间的冲突。就像凯文·伯杰所说的那样，这部小说讲的是“存在规则和方式”。鲍尔斯在企业与个人之间构建了一个更为广阔的对话，在历史事实和个人现实的关系中创造出了一种危机。《赢利》讲的是失去和损失，不仅包括有形损失，还包括无形损失。劳拉失去了她的健康和生命，克莱尔公司失去了它的道德底线。劳拉的悲剧也是现代美国的悲剧，造成这种悲剧的正是我们自己和企业。虽然鲍尔斯向读者揭示了企业和科技的阴暗面，但他对人类的未来仍然抱有信心。

五 结论

在小说《赢利》中，鲍尔斯向我们详细地展示了克莱尔公司壮丽的发展史，构建出了一个资本与科技的神话。劳拉的患癌和死亡是鲍尔斯给我们人类的警告，我们每个人都可能成为劳拉。肥皂、克莱尔、赢利，既含有字面意义，也有深层意义。小说中也有其他象征，如劳拉的癌症、印第安草药、小镇居民对克莱尔公司发起的诉讼、劳拉花园里的杂草等。这些象征都为小说的主题服务，即如果我们人类继续追逐“赢利”，继续污染我们所居住的环境，那么我们每个人都将会为企业的“赢利”而付出代价。

参考文献

刘丹：《得失之对话：〈赢利〉的隐喻叙事与科技伦理反思》，《外国文学》2015 年第 2 期，第 82 页。

Barthes, Roland, *Mythologies*, *Trans*, Annette Lavers, Noonday, 1991.

Berger, Kevin, *Richard Powers*, The Paris Review, Web, 15 July 2016.

Clare, Ralph, *Your Loss Is Their Gain*, Studies in Contemporary Fiction 54.1 (2013): 28-45.

Diao, Keli, *The human Race is Still a Work in Progress*, An Interview with Richard Powers, Foreign Literature Studies 4 (2007): 1-6.

Powers, Richard, *Gain*, New York: Picador, 1998.

Sun, Jian, *Fictional Collisions*, Studies in Contemporary Fiction 54.4 (2013): 335-345.

Updike, John, *Soap and Death in America*, The New Yorker, 27 July 1998: 76-77.

William, Heinemann, *Gain*, Critique Magazine, Critique Magazine, 1998, Web.15 July 2016.

Brief Analyzing the Symbol in *Gain*

Lei Zhen

Abstract: As the voice of X Generation, American novelist Richard Powers is regarded as one of the most important and prolific writers of the post-Pynchon era. His novel *Gain*, published in 1998, became an instant bestseller. Since Powers'novels are so full of technical jargon that they are often referred to as information novels, they are difficult for many common readers (especially those without a professional background) to understand. Up to now, few people in China have studied his works. There are many thought-provoking and worthy symbols in the novel, such as Clare, soap and gain. Therefore, this paper will discuss the symbol of *Gain*, hoping to provide some guidance for the present and future research.

Key words: *Gain*; Symbol; Clare

语言与文化

对比语言学视角下诗歌中的中西思维差异

郭瑞芝　黄　杨*

摘　要：对比语言学在中国形成于20世纪50年代，其核心思想是通过对比了解英汉两种语言的异同，相互取长补短、相互学习，从而加深对本民族语言的认识。中国思维的整体性、主观性、直觉性与中文的意合紧密相关，西方思维的分析性、客观性与英语的形合密切关联。这样的关联在诗歌语言中有明显体现。在对比语言学视角下，诗歌体现了中西思维的悟性与理性差异，反映出两种思维模式对各自的诗学传统、语言特征以及意象产生的不同影响。

关键词：对比语言学视角；诗歌语言；中西思维；悟性；理性

一　引言

英汉语言对比研究是通过对比两种语言，挖掘二者之间的不同，以达到更加了解自己语言的目的，因此对语言研究、语言之间的转换译介以及语言与文化的探索等诸多方面具有重要意义。诗歌是中西文学中最早出现的体裁，是民族文化的精华和情感表达的重要内容，有助于从中了解中西思维和文化的差异。在前人研究的基础上，本文尝试从对比语言学角度讨论中西诗歌语言中体现的思维差异。

二　对比视域下中西思维与语言研究

人类的思维模式基本可以分为：感性思维模式、理性思维模式以及悟性思维模式。感性思维基本上是通过直观感觉去认识事物，而理性思维主

* 作者简介：郭瑞芝（1969—　），女，陕西师范大学外国语学院副教授，研究方向：西方文化、外语教学、美国历史与文化；黄杨（1996—　），女，陕西师范大学外国语学院硕士研究生，研究方向：西方文化与跨文化交际。

要是借助抽象概念来认识事物，悟性思维则是根据已有经验来类推从而认识事物。中西思维模式的基本区别在于："悟性"代表中国思维，"理性"代表西方思维。纵观学者对思维模式探究的历史，三种思维在中西思维中皆有所体现，中西思维基本由感性向其他两种模式过渡。早期中国和西方的哲学家们都是通过感性思维模式去认识世界。从《易经》所强调的"可感知事物的变化组合形成世间万事万物"到"五行说"是古代中国感性思维的表现（泰勒士所认为的水是万物的开始、毕达哥拉斯学派秉持的数是万物的始基等证明了早期西方哲学家是通过感性模式去认识世界）。可见在历史长河之中，中国逐渐形成了悟性思维，西方形成了理性思维。中国传统思维方式与儒道释的主要思想一脉相承，儒家强调"外悟"，希望"从外界的经验中，尤其是前人已有的经验中，去领悟事物本质和内在的联系"，道家强调"内悟"，以"抽象的、不能直观的道作为万物之本"，佛教自印度传入中国后，与儒家、道教、玄学的思想进行了融合，促进了"悟性"思维的形成（冯凭，1986：49）。连淑能（2002）认为中西思维方式具有整体性与分析性、直觉性与逻辑性、意象性与实证性等各自特点。王树人（2005：32）将中国传统思维概括为"象思维"，所强调的便是动态整体的悟性思维，这种思维又可称为"象以尽言"的"诗意思维"。从赫拉克利特的火与逻各斯的二元论直到亚里士多德认为"我们是借论证来获得知识的"，西方人认识到只有通过推理才能认识未知事物，"以逻辑形式为核心的理性认识模型逐渐取得了压倒性的地位"（冯凭，1986：48）。但对中西两种文化思维进行这样的高度概括并不是一一对应的。中国文化中有理性的因素，而西方文化同样有悟性的色彩，只是哪种思维占据主流的问题。在西方思维模式发展的历史上，一度可以看到由"理性"向"悟性"靠拢的倾向；近代无概念传统的中国开始不断引入西方思维模式来反思自己理性思维的缺乏。

语言与思维之间有着无法割舍的关联，思维决定语言还是语言决定思维？这一问题无论从哪一个方向引向另一个方向都值得探讨。中国思维是直觉的、意象的、模糊的、整体的、空间性的思维，语言是意合，看似形散实则神不散，意义深远。反过来，汉语语言的文字体系以及词句之间不注重形式的关联性决定了中国思维的整体性和综合性。理性思维模式孕育的英语语言逻辑严密，语法规则成显性，而语言自身的形合性推动了逻辑的、明朗的、分析的、时间性思维的发展。西方人正是在对音位的细小辨析中启发了二元对立思维（赵新林，1998），中国古代禅宗却认为“迷人向文字中求，悟人向心而觉”，所以要“以心传心，不立文字”，所强调的便是在认识事物以达到“悟”的过程中，不要停留在语言表面，而要凭直觉去体悟真谛。但思维终究无法脱离语言，“文字禅”的出现便是由纯粹的强调悟性转向承认语言对思维的作用（周裕锴，2017：116）。“今天语言学认识到语言并非身外之物，而是民族本质的一种外化，它并不是一件可以随意更换的外衣”（郑敏，2002：68）。将思维引入对比语言学的研究早已颇有成效，如前文中提到的连淑能，在把握中西思维悟性与理性的大前提下，分析了中英语言常用表达的差异。张思洁（1996）从中西思维模式的差异性出发讨论了英汉两种语言的特点；潘文国（1997）认为汉英在语言心理的对比上具有悟性与理性，以及整体思维与个体思维等方面的不同。中西思维的差异明显反映在诗歌这一高度凝练的语言中，下面从对比语言学视角讨论中西诗歌中体现的中西思维差异。

三　中西思维差异中的悟性与理性在诗歌中的体现

诗歌语言是生活常用语言的精心打磨，每一个词和句式的选用都是诗人潜心斟酌的结果，汉语思维的“悟性”和英语思维的“理性”体现在中国传统“诗言志”和“文以载道”以及西方叙事和模仿的诗学传统中，体现在诗歌韵律、词法、句式以及语篇的考量上，体现在诗歌的意象中，或者称作诗歌的意象性，甚者有专门的诗歌意象语言研究。对比研究的目的不在于中西诗歌语言哪一方更胜一筹，而在于知他者来反思自己，在于相互交流借鉴，为诗歌创作引入新的思考。

（一）中西诗学传统中的思维差异

诗歌是中西文学史上最早出现的体裁，具有开创性的意义。“诗学”一词源于亚里士多德所作与该词同名的巨著，在书中他将“诗学”的意义一般化，除了狭义的诗论外，同时包含了广义的文艺理论。在讨论中西诗歌的差异时，传统观点认为首先是诗学传统的不同，中国诗自产生时就具有强烈的抒情特质，而西方诗承袭史诗传统。在我国古代文学史上，诗歌占有正统地位，“诗言志”“文以载道”体现了诗歌重要的社会功能，表明了中国古典诗歌和文学的伦理性及实用性。中国古代未像西方那样形成史诗性的作品（赵新林，1998：35），表现为小说在中国历史上的边缘地位，叙事在古代中国未受到重视。中国诗歌的源头《诗经》是一部反映周代社会生活的诗歌总集。中国文学体裁离不开古代神话故事的滋养，但宗教性上没有西方强烈，中国的“神”追随平民百姓日用。诗与志、文与道、诗歌与社会的和谐有机关系体现了客体与主体、个人与社会相统一的天人合一思想，区别于西方对现实的模仿。以中国江西诗派为代表，诗歌成为“心灵的保姆”而不是“世界的回响”。中国古典诗歌中追求的“梵我合一”“思与境偕”“物我同一”等都是从内心和宇宙合一的立场去关照整个自然（周裕锴，2017）。

西方将长篇巨制的史诗作为重要内容，注重歌颂英雄，希腊文学最早的诗歌为著名的《荷马史诗》，有强烈的叙事性和故事性，为后世的文学创造提供了丰富的原型材料。与古代中国不同，戏剧、小说等体裁和史诗一样在西方文学史上占据重要地位，由此叙事在西方受到的重视程度远超中国。叙事关注时间与主题的连接，强调连续性意味着关联与分析，注重客观真实性，明显区别于中国诗学传统点到为止的模糊与整体。除了史诗外，西方文学素材的另一来源《圣经》，神圣不可侵犯，与西方对此岸和彼岸对立划分有着直接的关系，体现着典型的“主客二分”思想。西方一开始便以人为认识主体，以自然为认识客体，主体的概念决定着客体的形式和意义，强调“文艺是对自然的摹仿”，认为能够像“镜子”一样再现对象才是艺术的极致（钱念孙，1996：56）。“模仿说”始于柏拉图，后由亚里士多德继承并理论化，成为西方两千多年文艺理论的主流。

（二）悟性与理性在中西诗歌语言中的体现

悟性思维体现在中国古典诗歌语言的自由以及对语法界限的突破上，近体诗于唐朝出现后，才在诗歌创造中对字数、行数、对仗、押韵以及词义对等有了较为严格的规定。汉语语音的特征使得中文诗歌在表达音乐性方面具有天生的优越性；中国古代诗歌的词法与句法自由并置、不注重连接，由此语篇上往往能够达到“言简意繁”的效果。理性思维体现在英语语言对语法规则的坚持，诗歌韵律的关照集中到对语音的细小关注、词法与句法的连接以及语篇对主体的强调，追求的是“言繁意简”的分析性。

1. 语音与韵律中的思维差异

诗歌的音韵之美一直受到古今中外诗人的高度重视，中西诗歌在音乐性的把握上有相同点，却又自有特点，这与各自的文字体系有着最为直接的关联。索绪尔认为表意体系是一个词只用一个符号表示，符号与词的声音无关，与整个词及其所表达的观念关联；而表音体系是要把词中连续的声音模仿出来（索绪尔，1999：50）。“书不尽言，言不尽意”出自《易经》，是对表达意义的看重，唯恐无论文字还是言语都不足以完全传达思想。英语语言的语音中心主义与逻各斯中心主义一脉相承，通过少数字母对语言进行模仿总结，语音或言语先于语言是逻各斯“在场先于而且优于不在场”的表现（顾明栋，2015：81）。

语音是诗歌音乐性表达的基础，表意体系的汉语通过声调区别，形成“音的曲折”。汉语属于孤立语，语素是音节，绝大多数的词由一个音节来代表。每一个音节所代表的意义很多，一个能指可以表达多个所指。“汉语的音乐性与生俱来（就像非洲习语一样），诗中不需要通过重新组织句法、单词、语义来使语言具有音乐性，而这样的方式正是西方诗人如贝尔曼、布伦塔诺、邓南遮等为了追求音乐审美所希望采用的方法”（Barricelli，1983：71）。所以汉语诗歌在进行节奏和韵律的考量时，没有英语复杂，不换韵脚更容易实现。以“语音”为中心的英语，决定了诗歌的节奏在很大程度上依赖于重读音节的间隔、元音的长度和辅音的密度等因素，关注点甚至可以聚焦到一个词素上（侯维瑞，1986）。英诗中为了准确表达语义又能够兼顾语法形式与韵律，常常通过倒装、重复、省略等方式来调整句式。以莎士比亚 *Sonnet* 18 第六、第七、第八行为例来说明，第六行使用倒装的句式来对应第八句的尾韵，其正常的语序应该是“And his gold complexion is often dimmed”：

第六行：And often is his gold complexion dimm'd;

第七行：And every fair from fair sometime declines,

第八行：By chance or nature's changing course untrimm'd.

2. 词法、句法与思维差异

中国古典诗歌用古代汉语写成，在表达上与白话文有着明显的不同，与来自印欧语系的英语更是截然不同。“中国古典诗里，利用未定位、未定关系或关系模棱的词法语法，使读者获得一种自由观、感、解读的空间，在物象与物象之间作若即若离的指义活动”（叶维廉，1988：18）。“松风”“云山”等词不仅代表着词法连接方面的自由，更代表着“松”与“风”、“云”与“山”在空间关系上的模糊。叶维廉认为把“松风”理解为英语的“winds in the pine”或白话文的“松中之风”，把“云山”理解为英语的“clouded mountains”或白话文的“云盖的山”是一种将物象并发改为单线的做法。在文言文中，“松”与“风”在被看作独立个体时，二者关系的不明朗为多种解读创造了条件，同时产生了整体感与空间性。中国诗的并置结构是典型悟性思维的体现，用来描述意象的词与词之间的句法关系或句与句之间的逻辑关系模糊，无须添加英语中代词、介词等虚词来连接句子。以马致远的小令《天净沙·秋思》为例，句式上没有任何其他成分的连接，只是意象的罗列，将枯藤、老树、昏鸦、小桥、流水、人家、古道、西风、瘦马分开来看不会引起质疑，为人呈现了一幅空间感十足的中国画。这种诗歌句法自由、突破语法限制所代表的悟性思维在回文诗中淋漓尽致地展现了出来，如：

春 景 诗

莺啼岸柳弄春晴，
柳弄春晴夜月明。
明月夜晴春弄柳，
晴春弄柳岸啼莺。

这首诗体现了古典诗歌中的每个字都是独立的整体，这样的多个整体组合产生新的意义。这种特殊形式的诗歌在汉语尤其是古代汉语中更容易实现，放到白话文或英语中则很难甚至不可能达成。此外，在词性上，汉语词性界限模糊，各类词的性质可以相互转换，在诗歌中尤其如此。如王安石在创作《泊船瓜洲》的过程中，以一句“春风又绿江南岸”流芳百世，相传在“绿”字的选择上经历了“到”“过”“满”等动词，“绿”字本属形容词，这里包含了动词的用法。可见中国古人写诗，追求的并不是用词的具体和精准，而是意义的广延和意境的表达。西方诗歌句式既有长篇巨制的史诗，也有句式简练的意象派、印象派诗歌。以具有承前启后意义的艾米莉·狄金森诗歌为例，在 *How Happy Is the Little Stone* 中，句子的连接上依然通过虚词体现，词法曲折变化，这是英语语法的显性特征。词位关系清晰明了，“the little stone”即白话文中“小的石头”，是明确的单线关系。如果理解为古代汉语的“小石”便是把它的意义扩大化了。这首诗语言简练，全诗共一个完整的句子，以“How happy is the little stone”为主句，其余是修饰“the little stone”的定语从句，对其进行限定和解释，可见这首诗是英语形合的极致表现，达到了言繁意简的效果：

How happy is the littlestone
That rambles in theroad alone
And doesn't care aboutcareers
Andexigencies never fears
Whosecoat of elemental brown
A passinguniverse put on
And independent as thesun
Associates or glows alone
Fulfilling absolutedecree
In casual simplicity.（陈才宇编，2007：179）

3. 语篇层面的思维差异

诗歌创作中体现了中国思维的直观性与西方思维的思辨性。中国的“悟性”思维在很大程度上产生于由中国文化归化的佛教所催生的禅宗思想。古典诗歌中有大量对禅宗思维的直接描述，如孟浩然：“禅房闭虚静，花药连冬春。”王维的诗中很少直接介入作者的主观情绪“或以知性的逻辑去扰乱眼前景物内在生命的生长与变化的姿态”，用词凝练，颇具“一切尽在不言中”的意味，留有大量空间给读者去体会其中意味，虚实相间，是“天理的律动，所以无需演绎与赘词”，诗人内心深处的情绪依托意象自然地表达出来。所以他的诗往往清新自然，意境深远，如《山居秋暝》：

“空山新雨后，天气晚来秋。明月松间照，清泉石上流。”

此诗无任何诗人的主观介入，依然完美地达到了诗中有画、画中有诗的境界。对比而言，华兹华斯的诗中，“景物的具体性渐因作者的介入的调停和辩解而丧失其直接性”，诗歌创作加入大量作者的主观情感和思辨内容。《汀潭寺》中四分之三的内容都在用解说性、演绎性说明外物如何影响心智，如何与自然互相补充（叶维廉，1992：88）：

五年过去了，五个夏天，和五个漫长的冬季！

如今，我再次听到这里的清流，以内河的喁喁低语从山泉奔注而下。

我再次看到两岸高峻峥嵘的危崖峭壁，把地面景物连接于静穆的天穹，给这片遗世独立的风光，增添了更为深远的遗世独立的意味。

这一天终于来了，我再次憩息于这棵苍郁的青枫树下，眺望着处处村

舍场院，果木山丘，季节还早，果子未熟的树木色青绿，隐没在丛林灌莽里。(节选，杨德豫译)

将这首诗与王维《山居秋暝》进行对比，两者都以自然为主题，《山居秋暝》是对秋雨后明月与清泉等清新场景的描述，华兹华斯也是对季节、清流、山泉等自然风光进行创作。但显著的差异在于，《汀潭寺》中对“我”的强调，所有自然的描述都以“我”为中心，是“我”的所闻、所见与所感，突出客体对主体的影响。而王维山水诗的直观性以及物象的并置是为了追求艺术层面的无限解读性。机械地看待以上诗歌语言中体现的中西思维差异是狭隘的，因为中国古典诗词中同样有思辨性的诗歌，苏轼虽强调诗歌语言的直接性即强调禅悟，但其作品中依然体现了“重思辨，多理趣”的审美特征（周裕锴，2017），如著名的《题西林壁》表现了从不同角度看待事物有不同结果的深刻哲思。

（三）中西诗歌语言中的思维互鉴

中西诗歌在发展过程中的相互借鉴，其实是理性思维和悟性思维的相互启发。中国近代史是一部向西方学习的历史。“五四”时期中国古典诗歌进行了激进的改造，中国人用决绝的心态改造自己的文化，学习西方诗歌、借鉴西方理论。20 世纪 20 年代以后中国新诗开始产生，此后诗歌作为中国现代文学中的一个体裁存在。将白话文引入诗歌创作是对古典诗歌的革命，以郭沫若《笔立山头展望》为例，古代汉语的多重解读性转变成了词位关系明确的单线思维，如“大都会的脉搏”“山岳的波涛”“瓦屋的波涛”等。另外，在这首白话文诗中，甚至直接使用了“Symphony”这一英文词，表明了当时向理性思维借鉴的明显意图：

大都会的脉搏呀！
生的鼓动呀！
打着在，吹着在，叫着在，……
喷着在，飞着在，跳着在，……
四面的天郊烟幕朦胧了！
我的心脏呀，快要跳出口来了！
哦哦，山岳的波涛，瓦屋的波涛，
涌着在，涌着在，涌着在，涌着在呀！
万籁共鸣的 Symphony。(节选)（郭沫若，1953：56）

由此看来学者所总结的中国现代主义诗学相较于古典诗学的转变在于从“意境”到“戏剧化”，从“空间性”到“时间性”，从“抒情”到“叙事性”，从“主观性”到“客观性”和“间接性”的转向都可以看作悟性思维向理性思维借鉴的结果（陈旭光，2000：50）。

西方诗歌同样借鉴中国的“悟性”思维，美国新诗运动以中国古典诗歌为参照，以中国诗的质朴简洁、清新自然来改革从欧洲继承而来的、新诗派所厌倦的冗长、枯燥诗风。向中国诗歌借鉴的代表人物当属美国诗人庞德(Ezra Pound)，在他为曹植写的同名诗中，体现了对中国古典诗词的模仿和学习。首先，该诗以中国人物为主题，借助中国文化进行英文诗歌创作。其次，明显借鉴中国古诗凝练的语言风格，全诗共短短三句，分别用“凋零的花瓣”、“玫瑰叶子”以及“赭色”三个意象暗示曹植的悲剧命运：

Ts'ai Chi'h（曹植）
The petals fall in the fountain,
The orange-colored rose-leaves,
Their ochre clings to the stone.（陈才宇编，2007：182）

相互借鉴后的诗歌语言中依然体现了中西思维的差异，以中西诗歌中的意象为例，它们同中有异。中国古代诗歌的意象是典型的中国思维，意象往往给人带来深刻的联想意义，是注重客观事物与个人主观情感关系统一的体现。以古诗中常用的意象“落叶”为例，诗人常以其表达秋日的悲寂之情，寥寥数语常带来深刻的联想，落叶的凋零常常预示着美好事物的陨落。西方的诗词借鉴中国意象后形成了以庞德为代表的意象派，他们学习中国古典诗歌凝练的语言风格，将“意象”运用到自己的诗歌创作中，但由于语言本质上的差异，西方意象派与中国古诗的意象又是不同的，汉语在表达意象方面有优越性，很容易用意象群来描绘情景，如《天净沙·秋思》全诗短短 28 个字，却能够描绘 12 个意象，这是庞德极力想要达成却无法做到的，如“他在《诗章》的第 49 章中用了 33 个词，描绘了 9 个意象”（罗朗，2004：70）。

四　结论

语言差异背后有着深刻的思维差异，在诗歌这般凝练的语言中这种相异性更加凸显，中国思维是一种诗性思维，不拘泥于文字，通常以简练的语言直接描述客观事物以达到物境合一、意义广延的艺术效果。西方诗歌语言相较于常用语更为简练，却依旧注重语音的辨析，遵循形合的特点，词位关系明晰，反映出西方思维的分析性。中西诗歌在古往今来的交流中对彼此的发展都产生了一定影响，是两种思维碰撞出的火花，“东学西渐”时期，中国古典诗歌是西方诗人庞德“意象说”的来源，“西学东渐”时期，西方诗学思想在很大程度上影响了中国现代诗歌的发展，将白话文引入诗歌创作直接引起了中国诗歌思维向理性的转变。中西诗歌产生于不同的文化土壤造成了语言上的显著差异。但在比较的过程中盲目地、机械地去评述中西思维影响下的诗歌哪一方更胜一筹是不明智的，况且理性思维和悟性思维在中西诗歌中皆有所体现。比较的目的在于了解诗歌语言背后本质的思维差异，以他者来反思自己以加深对中国诗歌的认识。对于古诗译介和文化传播来说，提高对中西诗歌思维层面差异的认识，能够使译者在克服和解决当前古诗英译实践中遇到的困难以及古诗译介接受度不足的问题时更加游刃有余。

参考文献

Barricelli, J., *Explorations in the Interrelations of Literature and Music in a Non-western Context: China, Japan, India and Africa.*, Neohelicon 10, 69 - 87 (1983). https://doi.org/10.1007/BF02090409.

陈旭光:《中西诗学从对立走向融合——论20世纪中国现代主义诗歌的“诗学革命”》,《北京大学学报》(哲学社会科学版) 2000年第5期。

陈才宇:《英美诗歌名篇选读》, 浙江大学出版社2007年版。

冯凭:《理性与悟性——中西认知模式的比较》,《社会科学研究》1986年第2期。

顾明栋:《走出语音中心主义——对汉民族文字性质的哲学思考》,《复旦学报》(社会科学版) 2015年第3期。

郭沫若:《女神》, 人民文学出版社1953年版。

华兹华斯 (William Wordsworth):《华兹华斯诗歌精选》, 杨德豫译, 北岳文艺出版社2000年版。

侯维瑞:《英诗的韵律及其表意功能》,《外国语》1986年第2期。

连淑能:《论中西思维方式》,《外语与外语教学》2002年第2期。

罗朗:《意象的中西合奏与变奏——庞德意象主义诗歌和中国古典诗歌的意象差异研究》,《解放军外国语学院学报》2004年第5期。

钱念孙：《朱光潜对中西诗歌的比较》，《学术界》1996 年第 5 期。
索绪尔：《普通语言学教程》，高名凯译，商务印书馆 1999 年版。
王树人：《“象思维”与原创性论纲》，《哲学研究》2005 年第 3 期。
叶维廉：《中国诗学》，生活·读书·新知三联书店 1992 年版。
周裕锴：《中国禅宗与诗歌》，复旦大学出版社 2017 年版。
郑敏：《中国新诗八十年反思》，《文学评论》2002 年第 5 期。
赵新林：《从语言到思维——略议中西诗学差异的根源》，《当代文坛》1998 年第 6 期。

Chinese and Western Thinking Difference in Poetry from the Perspective of Contrastive Linguistics: Power of Understanding and Rationality

Guo Ruizhi, Huang Yang

Abstract: Contrastive Linguistics has taken shape in China since 1950s with the core idea of making comparison and contrast between English and Chinese languages, aiming to learn from each other and deepen the understanding of one's own national language. It is found that the Chinese entire, subjective and intuitive thinking and the Western analytic, objective thinking are highly pertinent to the parataxis of Chinese language and the hypotaxis of English language respectively. The connection is clearly embodied in poetry language. From the perspective of Contrastive Linguistics, the difference between Chinese power of understanding and rationality of Western thinking is shown in poetry, and it demonstrates the different influence of these two thinking patterns on the poetic tradition, language feature and image.

Key words: Contrastive Linguistics perspective; Poetry language; Way of thinking; Power of understanding; Rationality

翻译与文化

《天工开物》在日本的传播与译介研究*

李　枫　市来弘志　张　焱**

摘　要：《天工开物》是中国古代系统专门的科技著作，其中介绍的各种技术为世界多国关注和引用，在推动技术革新和科技发展方面起到了重要作用。海外首先高度关注《天工开物》的国家是日本，日本有识之士对于《天工开物》的引用、翻刻、研究学习、译注创作等，为推动该典籍在日本的传播以及后来在欧洲等各国对该典籍的关注和研究起到了不可忽视的重要作用。在大力提倡"中国文化走出去"的今天，掌握日本国内学者对《天工开物》的传播经验，有助于推动我国典籍文化实现"走出去"。

关键词：《天工开物》；三枝博音；薮内清；传播和译介

一　引言

随着"一带一路"倡议和中国文化"走出去"战略的指引，中国的科技典籍的外译传播备受瞩目。我国现存的12000多种科技典籍中，《天工开物》是中国古代文献中最具系统性和代表性的科技系统的综合类典籍，20世纪90年代已被列入《中国科学技术典籍通汇》丛书，21世纪中华典籍英译工程《大中华文库》也再次将其作为选题之一（王烟朦、王海燕、王义静、刘迎春，2019：2）。日本科技史学家三枝博音曾指出：

---

* 本研究系2019年度西安理工大学人文社会科学研究专项"《天工开物》日译本的译入和传播研究"（2019RY003）的阶段性成果。

** 作者简介：李枫（1984—　），女，西安理工大学人文与外国语学院副教授，研究方向：应用语言学、典籍翻译研究。

市来弘志（1966—　），男，陕西师范大学外国语学院外籍教师，研究方向：魏晋南北朝史、中国历史地理。

张焱（1971—　），男，西安理工大学人文与外国语学院副教授，研究方向：典籍翻译、科技翻译、功能语言学。

“《天工开物》不单是中国，还是整个东亚的代表性科技著作，其包罗的技术门类之广是欧洲技术书所无法比拟的”，称此书是“中国有代表性的技术书”（加計三千代，2008），日本科技史学家薮内清在其日译本中称《天工开物》为“中国技术的百科全书”（薮内清，1982：132），英国科学史学家李约瑟称之为“中国的狄德罗”（潘吉星，1990：605）。

《天工开物》自从明代崇祯十年（1637）问世，便在国内外引起关注，不断地被翻刻、注释、翻译、研究。截至1990年，《天工开物》已有16种不同版本，42次刊印，足见其在国内外科学史上的价值和影响（潘吉星，1990：637）。2011年《天工开物》大中华文库英文全译本出版发行，填补了该典籍大陆全译本的空白，也推进了对中国古代科技典籍的新阐释和对其文化价值的再认识，也是我国“一带一路”和中国文化“走出去”的新时代战略精神的体现（许明武、王烟朦，2017）。

如此丰厚的研究成果，证明了该典籍的重要研究价值。但同时我们需要注意的是，典籍的译介模式和传播机制，只有很好地考虑目标读者和市场机制，“够接地气”，才可能真正达到传播的效果（龙晓翔，2019）。所以，研究《天工开物》在日本本土的传播模式，可能为我国古代典籍更好地“走出去”提供来自海外译入国的参考。

二 《天工开物》与日本的渊源

16—17世纪，中西方的科学界、思想界，都处于大变革时期。工农业生产水平的提高以及启蒙思想的涌现，让中国各行各业出现了不同程度的发展，刺激了当时的生产力和科技发展，加剧了新旧社会生产关系的矛盾，也让宋应星等一批启蒙学者涌现出来。宋应星的《天工开物》就是在这种时代背景下，基于广泛的科学考察和社会调查而著成的。但当时由于社会原因和时代原因，导致长时间内对宋应星的成果认识不足（潘吉星，1990：3—4）。进入清代，《古今图书集成》（1725）及《授时通考》（1742）中还曾引用过，但并未出版，在《四库全书总目提要》（1782）中已经没有该书的记载。进入民国，《天工开物》在中国国内消失①。直到1926年在日本学习地质学的章鸿钊在上野帝国图书馆发现了

① 《天工开物》原本后现于世，只是当时由于政治原因，长期不为人们所知。https://www.shuge.org/ebook/tian-gong-kai-wu/.

和刻本的菅本《天工开物》，该书的刊行本才得已被带回中国。《天工开物》的价值再次得到肯定，翻刻及研究工作也得以推进。1927 年章鸿钊便以菅本为底本进行了《天工开物》（3 分册，武进陶氏涉园，1927）的复制。1930 年上海华通书局将菅本中加注的训点、假名删掉，重印了《天工开物》（9 分册，1930）。之后，《天工开物》（3 分册，上海商务印书馆，1933）、洋装版《天工开物》（上海世界书局，1936）也匆匆发行。[①]

借助日本的和刻本为底本的逆向输入模式，《天工开物》（武进陶氏涉园，1929）得以挽救，这种情况可谓是汉籍传播的特例，所以如果没有和刻本的菅本《天工开物》，中国的古代科技典籍《天工开物》的价值未必会为后人重新认识，从这一点上也可以说，研究日本对于《天工开物》的传播，是深刻解读《天工开物》历史和时代价值的重要参考，也可以为该典籍真正地实现“走出去”提供方法借鉴。

三 《天工开物》在日本的传播

17 世纪《天工开物》已经传到日本，为很多有识之士所重视。其后在日本的发展历程，笔者认为，可以分为四个阶段。

（一）《天工开物》的传入、引用和吸收

17 世纪《天工开物》传入日本后，其所记载的各种技术成果，如沉铅结银法、铜合金制法、大型海船设计、提花机和炼锌技术等，深深吸引了江户时代日本各界学者的注意，纷纷引用。这一点，首先得益于日本与中国同处汉字圈，《天工开物》是日本受过教育的大多数读者立即可以读懂的现成读物，而且书中所述与该国家的生产技术水平基本处于同一发展阶段（潘吉星，1990：562）。

日本科学史家三枝博音研究表明，最早引用《天工开物》的是 17 世纪江户学派的本草学家贝原笃信（号“益轩”），在其《花谱》（1694）和《菜谱》（1704）的《参用书目》中都列举过，虽然确切的年份因无记载无法确定，但从有记录可查的 1694 年开始，逐年可见《天工开物》的书目记录（潘吉星，1990：563）。后来，贝原笃信在《大和本

① 世界史の窓 - Episode 日本に伝えられた『天工開物』，https：//www. yhistory. net/appendix/wh0801-099. html.

草》（1708）的正文中提及该书。新井白石的《本朝军器考》（1736）以及江户中期的本草学家平贺源内的《物类品隙》（1763）中也引用了《天工开物》的甘蔗栽培技术和砂糖制作方法（荒尾美代，2012）。

基于这些记录，我们可以断定，日本学者最早对于《天工开物》的引用和吸收，是从本草学方面开始的。也就是说，《天工开物》最早是在日本的农业技术领域得到传播的。这是因为当时的日本和欧洲各国一样，处于封建生产关系的衰退和向资本主义转型的变革时期，而《天工开物》中的先进农业技术成果和发明，甚至在18世纪后成为推动欧洲产业革命的重要因素。所以有着邻国的地缘优势及文化交流往来之便的日本，认识到《天工开物》本身的价值而将其引入后，主要是在日本江户时代的本草学家的重视和引用之下，得以在各类著作中逐渐得到引用和传播的。

（二）《天工开物》的翻刻再版

18世纪，很多中国的技术类书籍传到日本后被收藏家收藏，《天工开物》也不例外。再加上《天工开物》在日本开始被竞相传抄和引用，使其引起了更多读者的注意。鉴于此种需求之多，1764年开始，日本一部分学者及刻书商便开始酝酿《天工开物》的翻刻再版。1769年大坂（现大阪）传马町的书林柏原屋佐兵卫（即菅生堂主人）提出了发行《天工开物》的申请，11月得到许可，1771年以木村孔恭（即蒹葭堂主人）所藏崇祯十年版善本（蒹葭堂藏）为底本，出版了日本第一个翻刻本《天工开物》（3卷9分册）（大阪菅生堂发行，即后世的“菅生堂本”，简称“菅本”）。该书由备前学者江田益英校订并加注了训点和假名，由当时大阪著名学者都贺庭钟作序，序文是用草书体和式汉文写的，其中介绍了菅本的出版经过及本书内容。这部和刻本，是《天工开物》的第一个国外刻本。虽然在摹写和翻刻过程中也出现个别错漏字，但菅本的出版，加速了《天工开物》在江户时代日本学术界中的传播（潘吉星，1982）。1830年、1833年《天工开物》（菅本）再重印，在江户（现东京）、京都等地都有重版，《天工开物》在日本大受欢迎（高本善四郎，2008）。

（三）《天工开物》的广泛引用、吸收和借鉴

菅本《天工开物》第二次刊印后，便成为江户时代的重要参考书之一，加上当时日本读书人都有极高的汉文水平，所以读者众多，18—19世纪，《天工开物》被更多的学者所引用。木村青竹《新撰纸谱》（1777）的造纸技术，木村又助《砂糖制作记》（1797）的种植甘蔗和制

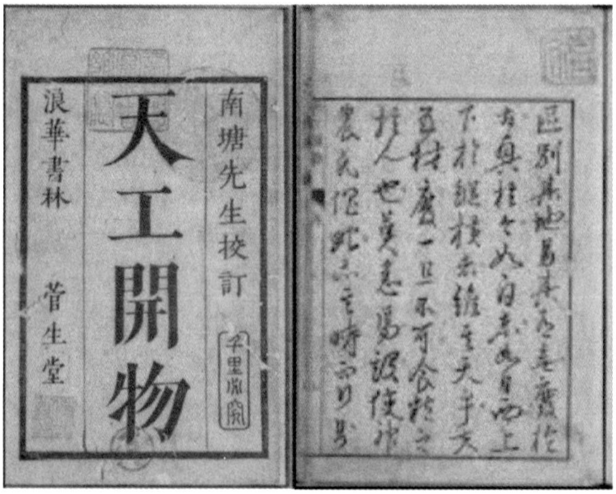

图 1 宋应星著，江田益英校订，都贺庭钟序：《天工开物》
（3 卷 9 分册），大阪：河内屋·茂八等后印本，1771。
（“菅生堂本”，简称“菅本”的封面及内容图片）

作砂糖的技术，增田纲《鼓铜图录》（19 世纪初成书）的冶铜技术，曾槃、白尾国柱的《成形图说》（1804），小野职博的《本草纲目启蒙》（1806），村濑嘉右卫门的《艺苑日涉》（1807），草间直方的《三货图汇》（1793–1815），佐藤信渊的《山相秘录》（1827），宇田川榕的《舍密开宗》（1837）等都引用了《天工开物》（潘吉星，1990：568–575）。这些著作在多个领域全面参考了《天工开物》，足见当时日本有识之士对《天工开物》的重视。

除了技术方面，18 世纪末开始，日本思想界也兴起了“开物之学”，著名的日本农政学者佐藤信渊根据《天工开物》提出了富国济民的“开物思想”，“夫开物者乃经营国土，开发物产，富饶宇内，养育万民之业者也”[①]，极大地促进了日本经济和产业的发展，也激起了更多经济和哲学思想领域的学者对于《天工开物》的关注。

这一时期，《天工开物》的翻刻再版，无疑是推动《天工开物》在日本更快传播的举措。而各行各业对于《天工开物》内容的多次引用和参

① 佐藤信淵（1769–1850），「国土を経営し，物産を開発し，境内を豊饒にし，人民を蕃息せしめる業」。中译参照：36.04｜中國第一本科技百科書《天工開物》｜書中之最，http://www.mychistory.com/1-3603。

考，让这部中国科技典籍的价值在日本得到了更加充分的认识。

（四）《天工开物》的研究和译注

随着《天工开物》在日本的大受欢迎，日本汉学家开始系统研究《天工开物》，尤其是著名的科技史学家三枝博音（Saigusa Hiroto，1892-1963）和薮内清（Yabuuchi Kiyoshi，1906-2000）对《天工开物》的研究，为该典籍的传播起到了不可估量的作用。

1. 对《天工开物》的创作动机、内容和版本等的研究

首先，三枝博音和薮内清都解读了《天工开物》的创作动机，并高度评价了《天工开物》的技术高度和涉及的门类之多。三枝博音从思想哲学的角度解读了“天工开物”一词，认为宋应星的“天工开物”是一种思想的体现，其中“天工”是与人类行为对应的自然界的行为，而“开物”则是根据人类生存的利益将自然界所包藏的种种物由人类加工出来（潘吉星，1990：402）。而薮内清又对《天工开物》的创作动机进行了解说，认为“宋应星著《天工开物》的动机，可以从卷首的序文及各技术领域的最初的文字中得知。该书把对象设定为当时的统治阶级知识分子，这些阶级在日常生活中虽然得到各种生产必需品的恩惠却不懂其生产过程，有时还蔑视农家人。宋应星的创作动机中也包含着对其态度的一丝愤慨，所以可以说该书是宋应星对轻蔑农家人的知识阶级而写的启蒙书。”（薮内清，1969：366）

其次，三枝博音评价其“在欧洲的技术书只记述单个专业技术，还没有看到像《天工开物》这样论述从农业、工业到工艺品的技术、兵器技术甚至还有艺术方面的技艺书”（潘吉星，1990：579）。时隔将近半个世纪后，薮内清再次对《天工开物》给出了高度评价，认为“《天工开物》在一部书中讨论了中国技术的几乎所有门类，没有任何其他著作可与之相比。它不但在中国是独一无二的，在 17 世纪之前没有任何可与之相比的欧洲著作”（三枝博音，1943：517）。

此外，三枝博音考察了 20 世纪 40 年代以前的各种《天工开物》的版本并做了校勘工作，为后人的研究打下了基础，薮内清在版本的调研方面也多沿用了三枝博音的结论。而薮内清在其《天工开物》的译注中，又进一步详细地解说了该书的名称、内容、特点、成书背景、刊行影响，以及对日本思想家的影响等（岛崎隆夫，1978）。

2. 对《天工开物》的翻印和译介研究

在菅本之后，三枝博音和薮内清还分别翻刻了《天工开物》。1943年，三枝博音博士将菅本《天工开物》拍照后，复刻并出版了《天工开物》（“三枝本”，简称“枝本”），这是20世纪海外的第一个《天工开物》版本，在版本史上是第八版，发行3000多册。之所以称之为“枝本”，是因为它不是单纯的菅本的复刻和重版，枝本中除了有菅本的影印部分，还加了三枝博音的《天工开物之研究》部分，其中包含了7篇有价值的三枝博音解说《天工开物》而写的学术论文，全书名称仍然是《天工开物》，但枝本无疑为后人研究《天工开物》打下了基础，也提供了莫大的便利（潘吉星，1990：624-625）。

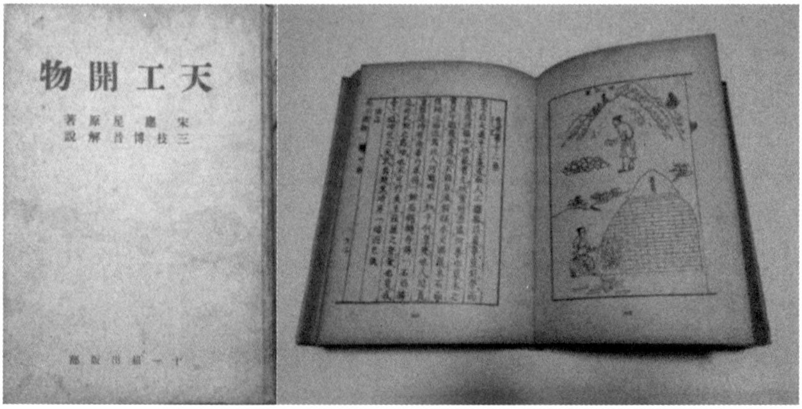

图2　宋应星著，三枝博音解说：《天工开物》，东京：十一组出版部，1943.

（“三枝本”，简称“枝本”的封面及内容图片）

20世纪50年代，薮内清和他领导的京都大学人文科学研究所中国科学史研究班的学者们，在文部省（教育部）赞助下，以《天工开物》为研究对象，将此书全文译成现代日本语，并加译注，附汉文原文校点，1952年由东京恒星社首次出版（潘吉星，1990：579）。在19世纪以前，日本读书人一般都能读懂施加训点的菅本《天工开物》，而现在的年轻人却不尽然，所以这部书的日本文译本在20世纪才出现，这也是薮内清等人根据日本读者的情况作出的可谓顺应“市场”的举措。

1953年其团队的研究成果《天工开物之研究》又以京都大学人文科学研究所研究报告成果的形式出版。薮内清及其团队日译的《天工开物》（“薮内清译本”，简称“薮本”），以静嘉堂文库所藏崇祯十年原刻本为底本，插图亦取自原刻本，参照菅本和1927年陶湘的刊本。全书分为《天工开物》的日文译文及注释，《天工开物》的汉文原文，附断句及文字校勘，及11篇专题研究论文三个部分。因薮本《天工开物》集原著校勘断句、日文译注及专题研究于一体，在体例上是最为完善的本子，也是首个外文全译本和注释本（潘吉星，1990：579，625）。

在这里，值得一提的是薮内清及其中国科学史研究班。该团队在译介《天工开物》时，每周聚会研讨，由其中一人将某节译文、注释稿准备好，在会上宣讲，然后集体讨论，直到译注完成（潘吉星，1990：579-580）。此种共同研究的模式在现在的日本的大学及研究机构，几乎已经是一种研究惯例，但在当时的国内外可以说是一种特色和创举。

薮本的问世，开创了《天工开物》外译的先河，在日本的国内外引起极大反响，甚至成为后来《天工开物》英、德、朝译本的重要参照（加計三千代，2008）。薮本第三部分已经于1959年由吴杰译成汉文、由章熊作补注，以《天工开物研究论文集》为名由商务印书馆出版，1961年重印。这一部分还由苏乡雨译成汉文，1956年以《天工开物之研究》为名在台北出版。

为了提供一个简易的版本，薮内清教授又将1952年版加以校订，删掉汉文原文和11篇研究论文，只保留第一部分的译文及译注和导论，于1969年作为“东洋文库”的丛书之一发行。1952年版本发表后，各国学者发表了书评，也提出了对译文的意见。1959年中国又出版了影印的涂本，1966年首个英译文问世，1952年在薮本售罄等多个因素的影响下，薮内清再次以精简为特色，只以薮本第一部分的译注为基础，加以译文修改以及解说资料新增，出版了面向青年的《天工开物》（1969），因由东京的平凡社出版，故得名“薮平本”。薮平本的体例、开本及文字均不同于薮本，所以被称为新本。因此书特别受读者欢迎，十五年间重版16次，成为经久不衰的畅销书。而且，1984年薮内清又在第16次重印本的解说篇后面增加了《对第十六次重印本的补遗》，将新资料纳入其中（潘吉星，1990：580，629-630，638）。不论从典籍的传播还是研究方面，薮内清都对中国古代科技典籍《天工开物》的传播起到了很大的推动作用，并在实践方法上给我们提供了很多启示和借鉴。

得益于三枝博音和薮内清等日本学者的贡献，现在日本有馆藏汉籍的图书馆几乎都有该典籍，平凡社的东洋文库也有收录，九州大学及国立国

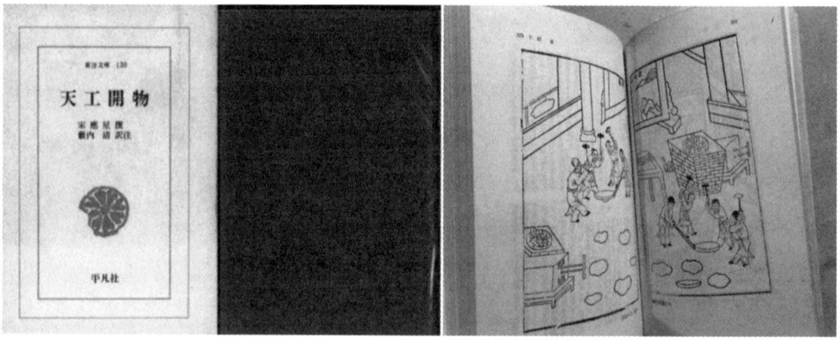

图 3　宋应星著，薮内清译注：《天工开物》（东洋文库 130，初版第 16 刷），东京：平凡社，1969.

（“薮内清译本”，简称“薮本”的封面和内容图片）

会图书馆还公开了全文电子图像。虽然是明代的技术解说书，但其内容在现在评价也很高，常被引用（高本善四郎，2008）。虽然对于一般日本人来说熟悉度并不太高，但以日语“天工開物”为关键词检索雅虎日本（YAHOO JAPAN）和日文谷歌（GOOGLE），就可以发现相关词条分别约 240000000 件和 44500000 件。雅虎可进行高级设置，所以再将检索范围设置为日语，可以检索到相关词条约 3630000 件，其中最近一年时间内的日语相关词条有 66400 件，这就足以说明《天工开物》在日本是很受欢迎的汉籍①。

四　结语

综上，《天工开物》从 17 世纪传入日本开始，最初源于农业经济发展所需而被部分学者引用，之后由出版商界通过翻刻以及加注的形式推广开来，使得更多人可以接触到该典籍，才有了 18 世纪后期《天工开物》的引用和参考热潮，《天工开物》多个门类的技术也因此在日本得到极大的传播。进入 20 世纪，以科技史学家三枝博音和薮内清为首的学者对于《天工开物》的深度研究和译注，尤其是以共同研究的形式完成的《天工

① 雅虎日本 https：//search. yahoo. co. jp/search？ p=%E5%A4%A9%E5%B7%A5%E9%96%8B%E7%89%A9&x=wrt&aq=-1&ai=&ts=2654&ei=UTF-8&fr=top_ga1_sa.；日文谷歌 https：//www. google. com/search？ q=%E5%A4%A9%E5%B7%A5%E9%96%8B%E7%89% A9&oq=%E5%A4%A9%E5%B7%A5%E9%96%8B%E7%89%A9&aqs=chrome. . 69i57j69i59j0l6. 2544j0j8&sourceid=chrome&ie=UTF-8；检索日期：2020. 7. 30.

开物》日文全译本以及东洋文库版，让更多读不懂古汉文的青年也有了接触和了解《天工开物》的机会。薮内清还多次根据读者需要以及国内外学者的反馈意见不断做出内容的修改和增加，这也许是《天工开物》在日本的读者中受到经久不衰的欢迎的原因吧。

20世纪以来，《天工开物》的出版更是出现前所未有的高潮，2011年《天工开物》大中华文库英文全译本以及德国学者薛凤的英文著作《17世纪中国的知识与技术》（2011）出版问世，2015年薛凤著，吴秀杰、白岚玲译的中文译注《工开万物》（2015）出版，给国内学界提供了更多接触海外中国研究和解读《天工开物》的机会。

现在，《天工开物》备受国内外学者的关注。作为国人，要将中国的古代科技典籍更好地弘扬，必须要考虑的因素之一是如何让典籍在“走出去”以后，在国外“更接地气”。这需要经得起译入国的市场和读者的考验，更需要在典籍翻译传播方面的学者们顺势而为，不懈地努力。在这一点上，相信日本在《天工开物》的引入、引用、翻刻出版、解说、研究和译注修改等方面给了我们很好的传播经验以借鉴，也可谓是生态翻译研究的良好范例。

参考文献

［日］荒尾美代：《内外の伝統的な砂糖製造法（8）幕府が入手した中国の砂糖製造法の書物》，独立性行法人農畜産業振興構，2012。https://www.alic.go.jp/joho-s/joho07000446.html.

［日］加計三千代：《〈天工開物〉著述の動機について》，《岡山大学大学院社会文化科学研究科紀要》2008年第26期。

［日］三枝博音：《天工開物の諸版の研究》，東京：十一組出版部，1943。

［日］三枝博音：《天工開物》，東京：十一組出版部，1943。

［日］岛崎隆夫：《近世開物思想の一考察》，《三田学会雑誌》1978年第5期。

［日］髙本善四郎：《〈天工開物〉と云う漢籍》，一橋大学附属図書館髙本善四郎氏助成図書コーナー「本の紹介」班，2008，（18）。https://www.lib.hit-u.ac.jp/images/2019/12/tz018.pdf.

［日］薮内清：《天工開物の研究》，東京：恒星社，1953。

［日］薮内清：《天工開物》，東京：平凡社，1969。

［日］薮内清：《科学史から見た中国文明》，東京：NHKブックス，1982。

龙晓翔：《大数据时代的“大翻译”——中国文化经典译介与传播的若干问题思考》，

《外国语（上海外国语大学学报）》2019 年第 2 期。
潘吉星：《〈天工开物〉版本考》，《自然科学史研究》1982 年第 1 期。
潘吉星：《宋应星评传》，南京大学出版社 1990 年版。
潘吉星：《〈天工开物〉在国外的传播和影响》，《北京日报》2013 年 1 月 28 日。
许明武、王烟朦：《任译〈天工开物〉深度翻译的“资本”视角解读》，《中国翻译》2017 年第 1 期。
王烟朦、王海燕、王义静、刘迎春：《〈大中华文库〉（汉英对照）之〈天工开物〉英译者访谈录》，《外国语文研究》2019 年第 1 期。

The Translation and Transmission of *Tiangong Kaiwu* in Japan

Li Feng, Ichiki Hiroshi, Zhang Yan

Abstract: *Tiangong Kaiwu* is the only systematic and specialized scientific and technological work in ancient Chinese literature. The various technologies introduced in it have attracted the attention and citation of many countries in the world and played an important role in promoting technological innovation and scientific and technological development. Japan was the first country that paid great attention to The work of Heaven. Japanese intellectuals' citation, engraving, research and study, and translation and creation of the work of Heaven played an important role in promoting the spread of the book in Japan and later in Europe and other countries' attention and research on the book. In today's world of advocating "Chinese culture going global", mastering the communication experience of Japanese scholars on "Tiangong Kaiwu" is conducive to the "going out" in the true sense of Chinese classic culture. (Amoghavajra).

Key words: *Tiangong Kaiwu*; SAIGUSA hiroto; YABUUCHI kiyoshi; Translation and Transmission

《丝绸之路戏剧文化研究》英译的译后审校与出版*

高　芬　石春让**

摘　要：国家社科基金中华外译项目“丝绸之路戏剧文化研究”（英文版）的成功获批是响应“一带一路”倡议，让中国文化“走出去”的有效例证。该翻译项目在实施过程中，最艰辛最繁重的工作莫过于译后审校。译后审校是审校者与出版社之间相互交流的过程，它凝聚了审校者和出版社的双重付出和努力。经过前后六次审校、历时一年才达到出版社的出版要求。译后审校主要解决术语统一、语言格式、学术规范、出版需求等问题。本文从译后审校的目的、策略和步骤出发，对典籍名称的译名确定与译写规范、戏剧专名的意义确定与外在形态规范、人名和地名的译名确定与译写规范、宗教派别名称的译名确定与译写规范四个方面具体例说，希望该翻译工程和审校个案能为中华文化外译项目的进一步推进和实施提供借鉴，为最终的顺利出版和全球发行奠定基础。

关键词：中华学术外译项目；《丝绸之路戏剧文化研究》；译后审校

引言

从2010年起，国家社会科学基金办公室设立中华学术外译项目，主要资助代表中国学术水准、体现中华文化精髓、反映中国学术前沿的学术精品的翻译。几年来，该项目资助近600部著作的翻译，有力地推动了中

* 本文为2015年国家社会科学中华学术外译项目“《丝绸之路戏剧文化研究（英文版）”（批准号：15WZS021）的阶段性成果，目前该著作的英文版 *Silk Road*：*The Study of Drama Culture* 已由新加坡世界科技出版社（World Scientific）出版发行。

** 作者简介：高芬（1977—　）女，陕西师范大学外国语学院副教授，硕士生导师，研究方向：翻译理论与实践、英语教学。

石春让（1969—　），男，西安外国语大学教授，硕士生导师，研究方向：翻译理论与实践研究。

国文化“走出去”。

《丝绸之路戏剧文化研究》是陕西师范大学文学院博士生导师李强教授凝结数十年心血撰写的学术专著。全书共 14 章，50 余万字，附 62 幅精美的插图。全书包括三大部分：中国传统戏剧研究、国外戏剧研究和国内外比较研究。它继承了 20 世纪众多戏剧史论学家的研究成果和学术遗产（曲六乙，2012：384），堪称丝绸之路研究领域内最权威、最全面、最系统的学术巨著之一。喻忠杰（2013：152—154）认为该书是丝绸之路戏剧研究的发轫之作，将世界四大文明、三大宗教及其三大古典戏剧艺术形式，诸如中国古典戏曲、印度古典梵剧和古希腊古典戏剧联结为一体，为中华文明与中国传统戏剧在世界舞台所居的重要地位寻找到充足的理由、科学的途径与应有的学术位置。

经过认真充分准备后，我们申报了“丝绸之路戏剧文化研究”（英文版）并成功获批 2015 年度国家社会科学基金中华学术外译项目（批准号：15WZS021）。该译著英文版 *Silk Road: The Study of Drama Culture* 已经于 2019 年 3 月由新加坡世界科技出版社（World Scientific）出版并全球发行。目前该项目已顺利结题。在该书翻译过程中，最艰辛最繁重的工作莫过于译后审校，它涉及审校者与出版社之间的相互交流，也是保障译作最终顺利出版和发行的重要环节。

一　译后审校的目标、策略和步骤

（一）译后审校的目标

译后审校的主要目的是解决术语统一、语言格式统一、学术规范和满足出版需求等问题，从而为最终的顺利出版和全球发行奠定基础。

术语统一是为了保证全书各章节的术语有统一的译名，即译名在语言和格式两方面是一致的。在审校的过程中，审校者要确保全书对于同一术语的翻译具有唯一性和同一性，这样读者在阅读译文时才不会存在障碍，更不会感到困扰和迷惑。书后的索引按照章节排列，也在最大程度上为读者提供词汇和术语帮助，为其扫清阅读障碍，便于查找和检索。

语言格式统一是为了保证全书同类别的语言单位翻译策略和翻译方法基本一致。比如，一些术语的译名是采用音译法、意译法，还是音译加注法？加注的基本格式，是文中夹注，还是脚注，抑或是尾注？音译遵循的原则，是继续沿用威妥玛式拼音，还是国际汉语标准拼音？此外，还有术语不同部分的大小写、合写与分写，以及同一段落上义词与下义词的选用、专有名词的冠词使用等。审校者在审校时需要逐字逐行检查，修改词汇的拼写，注重翻译的准确性、译写的恰当性、前后的一致性和格式的规范性等。

学术规范是指译文要符合出版社书稿编辑所要求遵循的规范，如文献的合理使用、引用内容、引文标注、著录规则等。由于中英文的注释格式存在差异，审校时需调整以适应目标语的标注要求，包括作者、题名、出版社、出版时间和页码等，并保证全书格式的统一。审校者可借助现代化的编辑手段，通过查找、替换、批注、标记、下划线、区域高亮等方式快速查找并解决问题，PDF 就具备以上所有的功能，可以满足各种需要。同时，由于本译作是国家社科中华外译项目“丝绸之路戏剧文化研究”（英文版）的成果，故在扉页添加 Sponsored by Chinese Fund for the Humanities and Social Sciences（由中华外译项目资助）字样，这也是符合学术规范的一种体现。

出版需求是出版社为了本社出版图书的品牌而制定的书稿加工要求。世界科技出版公司（World Scientific）是亚太地区规模最大的英文科技出版公司和全球顶尖的学术出版机构之一。世界科技出版公司每年出版 600 多种新书、120 多种期刊，出版的亚洲研究尤其是中国研究领域的书籍处于世界领先地位。相应地，《丝绸之路戏剧文化研究》（英文版）作为 *Series on China's Belt and Road Initiative-Vol* 3（“一带一路”系列之三）也要与已先期出版的系列之一和之二在版式、封面、印刷等方面有一定的关联度和相似度。因此，译者为配合出版社的出版要求，选用了同色系的封面、封底和排版格式等；同时，在目录之后增添了作者和译者介绍、致谢、序一、序二和后记等。此外，书稿要符合出版要求的文字属性，包括字号、字体、行间距、页边距、标题格式、引用格式、脚注形式、插图位置、标点符号等。

（二）译后审校的策略

译后审校的策略主要包括耐心地查阅各种资料，及时与原作者、出版社沟通，以创新思维为引导，全面提升译文质量。

第一，耐心地查阅各种资料。审校者需借助各类学术典籍、参考书籍和网络资源进行查证，必要时还需要咨询戏剧学或相关学科领域的专家；第二，及时与原作者和出版社沟通。查证并确认相关引文的具体意义，需要审校者对原文进行正确解读和释意，也需要审校者与原作者及时沟通，最终选择措辞恰当、表达贴切、前后一致的译文；第三，以创新思维为引导，全面提升译文质量。在审校译文的过程中，审校者需以创新思维为引导，不但需要精确地转换这些专业术语和引文的信息，还要确保相关句子和语境的逻辑具有合理性、语言产出具有连贯性、措辞选择具有准确性。需要指出的是，审校的过程并非是对初译的一个简单改进，它是基于初译的再译过程，有时甚至应抛开初译的固化思维和固定套路，进行重新思考、重新解读、重新探究和重新翻译。

（三）译后审校的步骤

《丝绸之路戏剧文化研究》（英文版）的译后审校主要由项目负责人和三位主要审校者完成（同时也是项目的参与者和译作的翻译者）。译后审校的过程是审校者与出版社充分沟通、不断调整、完善译文的过程。审校者共计完成六次审校，前后历时长达一年，平均每两个月完成一次审校。每一次审校都是与新加坡世界科技出版公司通过 Wetransfer 发送书稿完成，每一次的审校文稿都具体标注着所有需要校正和调整的内容。六次审校，依次聚焦不同层面的问题，并由不同的审校者完成（如表 1 所示），从而保证审校的目的性和审校的高质量。在第五次和第六次审校过程中，项目负责人还从每个章节中依次提炼出关键的核心词汇和术语，并整理排序，为书后的索引做准备，也便于读者有效查找和检索相关章节，同时也是对审校本身的再一次检验和查漏补缺。

表 1　　译后审校的步骤、内容及分工

审校次数	审校时间	审校内容	审校人员	审校分工
第一次	2018. 2—2018. 4	修正错误 查漏补缺	3 名审校者	4—5 章/人
第二次	2018. 5—2018. 6	明确信息 规范语言	项目负责人+ 3 名审校者	3—4 章/人
第三次	2018. 7—2018. 8	统一术语 统一格式	项目负责人+ 3 名审校者	3—4 章/人
第四次	2018. 9—2018. 10	统一术语 统一格式	项目负责人+ 3 名审校者	3—4 章/人
第五次	2018. 11—2018. 12	译语润色 整理索引	项目负责人	全书
第六次	2019. 1	学术规范 确定索引	项目负责人	全书

二 译后审校的具体例说

（一）典籍名称的译名确定与译写规范

原著中有大量的引文和引证出自典籍，因此有大量的典籍名称需要翻译。这些典籍名称有的来自浩如烟海的中国古代典籍，有的来自生僻晦涩的外国文献。审校者的工作之一就是需要通过查证并确认相关典籍名称，并统一其译写规范。典籍名称的译名确定与译写规范的总体原则是：能沿用则沿用，能借用就借用；无参考译文时，则以传译为主辅以音译；有多种英译本时，选择最通用版本；有多种译本但均不妥当时，可酌情进行改译；有宣扬中华文化之需时，可采取音译+注释的方式；字面意思无法准确表述或表达过于冗长时也可采取音译。

像《番汉合时掌中珠》《音同》《文海》《五音切韵》（李强，2009：382）等西夏文典找不到英译名，处理时很难简单地采取某一种方法，翻译团队的各个译者均表达了自己的考量因素，或是体现源语文化，或是接近译语，或是二者兼而有之。最终商讨的结果还是以传意为主，字面意思无法清晰表达或表达过于冗长时则采取音译。依此，《番汉合时掌中珠》译为 *Pearl in the Palm*（Gao，2019：789），《文海》译为 *The Sea of Literature*（Gao，2019：788），而《音同》和《五音切韵》则直接音译为 *Yin Tong* 和 *Wuyin Qieyun*（Gao，2019：788）。还有一些典籍书名翻译能查询到的有音译、意译两种版本，或更多其他版本，那么，翻译时应该采取哪种版本？例如《玉篇》（李强，2009：379）这部按汉字形体分部编排的字书由南朝黄门侍郎兼太学博士顾野王编撰，后在唐宋时期增加汉字，重新编修，现仅存若干残卷藏于日本。目前可查询到的有两种译法，“*Jade Articles*”和“*Yu Pian*”，翻译时审校者充分考虑到“篇”的具体含义，“玉”为洁白珍贵之意，而“篇”由若干残卷构成，因此则改译为 *Jade Chapter*（Gao，2019：783）；《法苑珠林》《西国志》（李强，2009：19）等译时，没有对其内容 a Buddhist encyclopedia compiled in 668 AD by Dao Shi 和 the maps and history of Near East countries recorded by Tang Dynasty in 666 AD 进行解读，考虑到内容较长、篇幅有限，且该两种文献相对来说熟识度较高，故只采取音译 *Fa-Yuan-Zhu-Lin*，*Xi-Guo-Zhi*（or *Records of the West*）（Gao，2019：38）的方式，对《西国志》的另一种常见译法在括号中标明以作参考。

另一个典型的例子是，审校者发现《赵氏孤儿》的译文方式非常多样，诸如 *Chinese Orphan*，*The Orphan of Chao*，*The Orphan of Zhao*，*Zhao's Orphan*，*The Chinese Orphan of Zhao*，*Orphan of China* 等，它们均表示几乎相近或相似的概念，但可能是不同时期不同改编者依据原著改编后的译本。根据原著《丝绸之路戏剧文化研究》的介绍和历史文献的考证，笔者发现最早的元剧《赵氏孤儿》（*The Orphan of Zhao*）是由法国传教士马若瑟（Joseph de Prémare，1666-1736）译成法文《赵氏孤儿：中国悲剧》（*The Orphan of Zhao*：*Chinese Tragedy*），于 1735 年发表在《中华帝国全志》（第三卷），英文版译为 *Description of the Empire of China and Chinese*：*Tartary*，*Together with the Kingdoms of Korea and Tibet*。伏尔泰从中得到灵感而于 1755 年创作了法文悲剧《中国孤儿》（*Orphan of China*），歌德改编《赵氏孤儿》为德文《埃尔彭诺》（*Elpenor*），皮埃特罗改编为意大利文《中国英雄》（*Chinese Hero*），等等。因此，我们从不完全的文献资料中可以看到，在欧洲各国流传的各种文字的《赵氏孤儿》均来自法文原版《中华帝国全志》中所收马若瑟神父的法译本。若不进行考证，审校者有可能混淆不同作家在不同时期的不同译本；另外姓氏“赵”的英文也摒弃威妥玛式拼音的 Chao，因为威氏拼音法于 1958 年在中国大陆已经废止，目前使用仅限于需要保持文化传统的场合，如一些已成习用的专有名词 *I-ching*（易经）、*Tai-chi*（太极）等。综上，最终确定本书中《赵氏孤儿》的统一译法为 *The Orphan of Zhao*。

审校时，考虑到翻译应达到让译入语读者更快更容易地了解主题内容、文化内涵、表现形式和历史发展等方面的目标，如《隋书·音乐志》中“音乐志”最终译为 Records of Music，因此采用归化策略处理为读者便于接受的表达方式；但从另一个侧面来讲，中华学术外译项目的根本宗旨是让中国文化“走出去”，向世界发出中国的声音，让世界更加了解中国，从而增强中国文化的感召力，因此异化的策略似乎更符合该初衷和目的，“音译+注释”保留原汁原味的翻译方式则更为恰当。一些典籍作品和戏剧名称均做了类似的处理：孟元老的《东京梦华录》（李强，2009：133）翻译为 *Dong Jing Meng Hua Lu*（or *Reminiscences of Eastern Capital*）（Gao，2019：308），《通典》（李强，2009：380）统一处理为 *Tong Dian*（or *Tung Tien*）（Gao，2019：786）。

原作中许多典籍名是以中国书写规范来书写的，具有相同的行文结构特征，如《新唐书·吐蕃列传》《辞海·民族分册》《资治通鉴·唐纪》《辽史·乐志》等。这种结构用何种方法译写，最有利于英语读者理解和接受？审校者最后统一为两种方式：一是按照源语直接对应译出，前提是译文表达简短明晰，便于理解和阅读，如将《辽史·乐志》译为 *History of the Liao Dynasty*：*Records of Music*（Gao，2019：517）、将《元史·百官志》译为 *History of the Yuan Dynasty*：*Officers Records*（Gao，2019：527）；二是考虑到顺译译文较长、不易理解、容易混淆，也考虑到译文的多样性，可将书名的后半部分移出，分开章节名和书名，使译文简洁清晰，一目了然，如将《新唐书·吐蕃列传》译为“The History of Tibet（Tubo）”in the *New Book of Tang*（Gao，2019：352）、将《辞海·民族分册》译为“Nationalities”in the *Complete Chinese History*（Gao，2019：358）、将《资治通鉴·唐纪》译为“Records of the Tang Dynasty”in the *Mirror of History for Governance*（Gao，2019：359）等。

（二）戏剧专名的意义确定与外在形态规范

原著中，有很多戏剧专名，这些戏剧专名展现出丝绸之路沿线不同地方的戏剧文化，为读者提供了翔实而灿烂的戏剧文化信息，令读者大开眼界。源自中国的戏剧专名自有其构词方法，而源自外域的戏剧专名则是译名，因翻译时间、使用目的、使用人群不同等，译名存在很多差异，此为审校者必须解决的问题。戏剧专名的确定与译写规范总体原则是：一般沿用通用的译文，让读者明确了解戏剧的名称；对于地方性的戏剧名称无法找到对等语时，可以采取音译；对于具有解读意义的名称，应酌情意译或音译+注释。

汉语中的“戏”对应的英文翻译方式有三种，即 opera，drama，play，然而，原作的英文目录对它们的区分并不明确，审校时发现这个问题后马上进行查证和向专家求证。最终确定 drama 为抽象的戏剧总称，泛指戏剧或戏剧艺术，因而有西域戏剧 West Regions drama，东方戏剧 eastern drama，梵剧 sanskrit drama，罗马戏剧 Roman drama 等；而 play 可为某种具体的戏剧形式，具体为“戏”或“扮演”，如偃师戏 Yanshi play，乐舞戏 Music-dance play，柘枝队戏 Zhezhi Group plays，马戏 horse play，猴戏 monkey play，傀儡戏 puppet play，皮影戏 shadow play，歌舞戏 song-dance play 等；opera 为歌剧、戏曲，主要指在舞台上表演的戏，因此有东方戏曲 eastern opera，佛教戏曲 Buddhist opera，赛戏 Sai opera，目连戏 Maudgalyayana opera 等。

其他音译的戏剧专名还有《诸宫调》（李强，2009：243）、《大面》（李强，2009：17）等，译写方式是合写还是分写，是 Zhu Gong Diao 还是 Zhugongdiao（Gao，2019：537），是 Da Mian 还是 Damian（Gao，2019：35），一经确定应全文统一。另外，一种古代西域流行的戏“苏幕遮”（李强，2009：17），在审校时发现有多种译法，如 Su Mu Zhe，Sumuzhe，Sumozhe 等，经查证和原著所示，原为唐高昌国民间于盛暑以水交泼乞寒的歌舞戏，因“幕”又作“莫”或“摩”，故考证后采用西方通用译法 Sumozhe（Gao，2019：37），而舍弃其他。杂剧（李强，2009：234）译为 Zaju（Variety plays）（Gao，2019：516），元曲（李强，2009：239）译为 Yuan Qu（Tune）（Gao，2019：528）等，则采取了音译+注释相结合的方式，一方面保留了原味，另一方面又缓解了译入语读者的阅读负担。

歌舞戏《兰陵王》（李强，2009：17）的英译同样也是经过多方查证、核实和讨论，最终确定为 *Prince of Lanling*（Gao，2019：35），而非 *Lanling King*，*King of Lanling*，这是因为兰陵王乃北齐王朝宗室将领，骁勇善战，且为神武帝高欢之孙，文襄帝高澄第四子，但从未登基为王，因此按照字面之意译成 King 是绝对错误和不负责任的。另外，原著第六章第四节中涉及诸多佛教戏曲，如《金沙洞》《三教寺》《莲花宝筏》《水帘洞》《芭蕉扇》《石狮岭》《流沙河》（李强，2009：176）等，均可采用意译的处理方式，统一为 *The Gold Sand Cave*，*The Integrated Temple*，*The Lotus Scene*，*The Waterfall Cave*，*The Palm-Leaf Fan*，*The Lion Mountain* 和 *The Habitat of Friar Sand*（Gao，2019：405）。

（三）人名和地名的译名确定与译写规范

丝绸之路沿线有各种民族，各民族的人来自不同的地域，他们的书写形式和称谓也多种多样，不尽相同。不同类别的人名和地名如何译成英语，或者一些人名如何找到英语中的约定俗成的表达，都是审校者必须解决的问题。人名的确定与译写规范的原则是：尽量沿用通用的英文译法，不做修改；对于无法查询到的人名，直接采取音译；经查证出现错误的人名和地名，应统一修改校正。

原著中有许多人名是从不同语言翻译过来的汉语译名，其名称也多有不同，有的甚至出现错误。如：《中华帝国全志》（李强，2009：371）的作者在原著中名为迪·哈尔德，经过文献比对和查证，发现此处为一处错误，应为杜赫德或杜哈德（Jean Baptiste Du Halde）；约斯在文中第13页出现，不知道是名还是姓，全名是什么？英文翻译又是什么？经维基百科考证，实为Olov Janse（Gao，2019：25），瑞典考古学家；瓦捷兹卡娅（李强，2009：16）亦是同样的问题，审校者翻译时不清楚其全名是什么、具体指谁、英文如何翻译，因为她是俄国人，经多方咨询相关专家和图书考证，俄语全名为Эльга Борисовна Вадецкая E. B. Вадецкая，英译是E. B. Vadetskaia（Gao，2019：33），汉译时也可为瓦杰茨卡娅。

原著第380页："《隋书·音乐志》云：复令武威张掖士女，盛饰纵观，骑乘填咽，周亘数十里，以示中国之盛。"此处武威和张掖为两个地名，翻译时直接异化音译为拼音Wuwei和Zhangye，只是为了使西方读者了解它们的具体位置，又在括号中添加了注释，即Wuwei（in the east of Hexi Corridor）和Zhangye（in the middle of Hexi Corridor）（Gao，2019：785），保留了原汁原味。其他一些地名如阿弗拉西阿勃康国都遗址、苏伯斯坎等，人名如斯比泰玛骑士、维斯塔巴、骨勒茂才、马儿哈昔、镇江府路总管府副达鲁花赤、瓦拉姆一世等都很难找到英译名，均需要通过互联网的百科知识、国家图书馆和有关研究机构或人员的查证才能获得准确信息，并全文保持统一。

（四）宗教派别名称的译名确定与译写规范

丝绸之路戏剧文化与丝绸之沿线的宗教发展密不可分，因此，原著中有许多宗教派别的介绍。这些宗教派别名称的译名确定与译写规范也是审校者的重要任务之一。宗教派别名称确定与译写规范的总体原则：一般沿用通用的英文译法，让读者一目了然；对于地域性的宗教形式或个别宗教的别名，主要采取意译；若宗教名称不具有解读的意义，可直接采取音译或省译。

原著第377页记载，罗马与波斯以景教、袄教、摩尼教等为载体与中国进行文化交流，这三大宗教的译法均有据可查，有译文可用，分别是Nestorianism，Zoroastrianism和Manicheanism。但每一种宗教又分别有其他的名称，如：景教亦称为波斯经教、大秦教或弥尸诃教，按照以上的译写原则处理为Persian Sutra Religion，Daqin Religion和Mishehe Religion（Gao，2019：779）。又如：袄教亦称火袄教、火教与拜火教（李强，2009：379），同样处理为Fire Zoroastrianism，Fire Religion和Worship Fire

Religion (Gao, 2019: 782); 再如原著第379页: "摩尼教, 亦称明教、明尊教、末尼教、牟尼教等……" 这些别名有的是以意义命名, 有的是由汉语发音不同演化出来的, 英译时有必要逐一翻译吗? 经过团队集体商议, 对同音不同字的后两种名称采取省译, 这对西方读者不会造成任何困扰, 而对前两者"明教、明尊教"做了意译的处理 (Bright Religion, Bright Respect Religion) (Gao, 2019: 783), 从字面意思的解读和释意中让读者了解摩尼教的真实内涵。

三 结语

回顾《丝绸之路戏剧文化研究》(英文版) 的翻译之路, 历时四年, 其中审校一年。在此期间, 审校者不断地查证、补充、修改、订正和重译; 又前后审校多达六次, 聚焦内容、语言和格式三个方面; 50万字中文的学术译著最终以820页的英文版本呈现, 实属一项巨大而繁重的翻译工程。但是, 这也是一次非常有意义的翻译实践。《丝绸之路戏剧文化研究》(英文版) 的审校是学术著作翻译的特殊组成部分, 需要译者有耐心有策略, 也需要译者付出创造性的劳动。本文从译后审校的目的、策略和步骤出发, 对典籍名称的译名确定与译写规范、戏剧专名的意义确定与外在形态规范、人名和地名的译名确定与译写规范、宗教派别名称的译名确定与译写规范四个方面具体例说, 主要解决了术语统一、语言格式、学术规范、出版需求等问题。希望该翻译工程和审校个案能为中华文化外译项目的进一步推进和实施提供借鉴, 为更多的译者提供参考和借鉴, 也期望为外译作品的顺利出版和全球发行奠定基础。

参考文献

Gao, F., *Silk Road: The Study of Drama Culture*, Singapore: World Scientific, 2019.

李强:《丝绸之路戏剧文化研究》, 新疆人民出版社2009年版。

曲六乙:《丝绸之路戏剧文化学的新拓展: 评李强新著〈丝绸之路戏剧文化研究〉》,《戏曲研究》2012年第1期。

全国哲学社会科学规划办公室:《2016年国家社科基金中华学术外译项目申报公告》, 2017年。

全国哲学社会科学规划办公室:《2017年国家社科基金中华学术外译项目申报公告》, 2018年。

全国哲学社会科学规划办公室：《2018 年国家社科基金中华学术外译项目申报公告》，2019 年。
喻忠杰：《丝绸之路戏剧研究的发轫之作：评李强著〈丝绸之路戏剧文化研究〉》，《中国比较文学》2013 年第 3 期。

A Glimpse into the Translation Revision of *Silk Road The Study of Drama Culture*: A Chinese Academic Translation Project

Gao Fen, Shi Chunrang

Abstract: *Silk Road The Study of Drama Culture* sponsored by Chinese Fund for the Humanities and Social Science responds positively to the strategy of "Belt and Road", aiming at spreading Chinese culture overseas. In the process of translation project, the most burdensome and challenging part is attributed to the translation revision, which requires the mutual communication between the revisers and publishing house, and combines the efforts of both parties. The translation revision has gone through six times in one single year in order to meet the needs of publication. The revision mainly copes with the issues of consistency in terminology, language forms, academic paradigm as well as publication requirements. This paper specifically studies on the confirmation and norms of classics names, drama names, person/place names and religion names from the perspectives of revision objective, strategy and steps. It is hoped that this translation project and revision case would shed some lights on the promotion and execution of Chinese Academic Translation Project, and lay the foundation for its successful global publication and distribution.

Key words: Chinese Academic Translation Project; *Silk Road The Study of Drama Culture*; Translation revision

文化与教学

中美职前教师的批判性思维能力：一项跨文化比较研究

陈　蕾　文慧静*

摘　要：培养学生的批判性思维能力是教育的重要目标之一，而目前学界针对职前教师的批判性思维研究较少。基于社会文化理论，我国职前教师批判性思维能力和美国职前教师相比有怎样的特征？本文在比较了我国一所部属师范大学和美国东部一所本科院校的各30名职前教师的批判性思维体验后，总结出两个主要差别：（1）我国职前教师对批判性思维的体验侧重于教师对学生观点的尊重和支持，而美国职前教师更注重对观点和细节的反复解构和反思；（2）在教育实习阶段，我国职前教师认为批判性思维能力给他们提供了分析教学问题的框架，而美国职前教师认为批判性思维有助于他们对教育学实证研究进行批判性的解读和运用。最后，本文探讨了造成这种差异的社会文化因素，以及这种差异对我国教师培养和基础教育的启示。

关键词：批判性思维；职前教师；跨文化比较

引言

批判性思维，指对问题进行有深度、有逻辑的思考和探索的能力，也可指怀疑自省的态度，是核心素养的基础，也是新时代学校教育的诉求。批判性思维能力被列为21世纪最重要的能力之一，是全球范围内高等教育的重要目标①，然而学界对批判性思维的核心概念和培养方式充满了争

---

* 作者简介：陈蕾（1987—　），女，陕西师范大学外国语学院讲师，研究方向：批判性思维、社会文化理论、二语习得。

文慧静（1978—　），女，Moravian University 助理教授，研究方向：教师教育、读写发展和英语教育。

① 钟启泉：《批判性思维：概念界定与教学方略》，《全球教育展望》2020年第1期。

议。社会文化理论认为，概念和能力是由社会文化背景定义的①。不同社会文化背景下，人们对批判性思维能力会有不同的理解和定义，培养方式上会有差异。作为一种学术研究能力，批判性思维在不同学科也有不同的侧重点②。

教师教育作为一个特殊的学科，对批判性思维的要求有显著的特征。教师教育专业的本科生作为受教育者，需要培养思考能力的深度性、逻辑性、开放性和探索性；作为未来的教育者，职前教师需要通过教育实习及相关课程进行教育实践，完成教师的身份认同和转变，并最终形成自己的教育理念和风格③。而学界较少针对职前教师这个学科进行批判性思维的研究。职前教师对教育概念的理解、体验、认知和信念决定了他们未来的工作方式和态度④。职前教师对批判性思维概念的理解和体验决定了他们在未来教学中培养学生批判性思维能力的动机和方式。因此，了解中美职前教师的批判性思维能力特征对评估中美教育的批判性思维能力培养具有重要意义。

本研究以一所中国本科院校和一所美国本科院校的职前教师为研究对象。中美在对职前教师的批判性思维培养上会不会存在差异？美国教师教育在批判性思维培养上有什么值得借鉴的经验和方法？本研究通过对 30 名中国职前教师和 30 名美国职前教师的访谈，以定性研究的方式，对职前教师作为学生和作为教师两方面的体验进行了分析和论述。最后，本文讨论了这些差异对我国教师培养的启示。

一　文献综述

作为受教育者和未来的教育者，职前教师的批判性思维研究分为两个方面，因此文献综述也分为两部分，第一部分回顾了部分研究对象为我国普通本科生的批判性思维研究，包括批判性思维的特点和培养模式；第二部分回顾了研究对象为职前教师的批判性思维研究，包括职前教师培养的

---

① Borg, S.Teachers' beliefs and classroom practices [C]. *The Routledge Handbook of Language Awareness*, 2018,: 75-91.

② 钟启泉：《批判性思维：概念界定与教学方略》，《全球教育展望》2020 年第 1 期。

③ Williams, R.L.Targeting critical thinking within teacher education: The potential impact on society [J]. *The Teacher Educator*, 2005, 40 (3), 163-187.

④ Jurasaite-Harbison, E & Rex, A.School cultures as contexts for informal teacher learning [J]. *Teaching and Teacher Education*, 2010, 26 (2): 267-277.

反省模式和教师身份形成与批判性思维的关系。

（一）本科生的批判性思维研究现状

国内对500名本科生的量化研究发现，学校环境因素与师范生的创新精神正相关，可预测创新精神15.1%的变异；其中，同伴影响、大学课程对创新精神各因子都有正向预测作用，教师支持对批判性有正向预测作用①。

有研究讨论了关于中国的社会和文化环境是否影响、如何影响本科学生思维模式，发现中国学生在分析能力和求知欲等衡量认知技能的项目上往往比西方学生表现得更好，而在信心或成熟度等项目上则表现得不如西方学生②③④。这些研究结果表明，中国学生确实表现出与西方学生不同的批判性思维倾向，而不能简单表示成中国学生的批判性思维强于或者弱于西方学生。然而这种差别对职前教师的体验和认知意味着什么，还需要质化研究进行进一步验证。

提高本科生批判性思维主要包括独立课程和融合课程。有些教学手段也对提高本科生批判性思维能力有效。例如，在教学中设立多个视角，帮助学生形成多元标准框架，并在框架之间展开对话和交流⑤；改革学生评价模式与方法，重视思维评价与创新元素在评价中的权重⑥；把培养学生的批判性思维心态和习惯即心智模式作为更高的教育目标，加大课堂改革力度⑦。然而这些建议的可行性和作用必须通过实证研究来进行检验。

（二）职前教师的批判性思维研究现状

反省，即“一种大胆而周密地考察所获取的信念、知识乃至决策”，

① 毛晋平、钟妮、黄亚雯等：《师范生创新精神与目标定向、学校环境因素关系的实证研究》，《教师教育研究》2019年第5期。

② Tiwari, A., Avery, A., & Lai, P. Critical thinking disposition of Hong Kong Chinese and Australian nursing students [J]. *Journal of Advanced Nursing*, 2003, 44 (3), 298-307.

③ Ip, W. Y., Lee, D. T., Lee, I. F., Chau, J. P., Wootton, Y. S., & Chang, A. M.. Disposition towards critical thinking: a study of Chinese undergraduate nursing students [J]. *Journal of Advanced Nursing*, 2000, 32 (1), 84-90.

④ Tian, J., & Low, G.D. Critical thinking and Chinese university students: A review of the evidence [J]. *Language, Culture and Curriculum*, 2011, 24 (1), 61-76.

⑤ 毛晋平、钟妮、黄亚雯等：《师范生创新精神与目标定向、学校环境因素关系的实证研究》，《教师教育研究》2019年第5期。

⑥ 叶映华、尹艳梅：《大学生批判性思维的认知特点及培养策略探析——基于小组合作探究的实证研究》，《教育发展研究》2019年第11期。

⑦ 田社平、王立科、邱意弘：《“双一流”建设高校批判性思维能力评价的实证研究》，《上海教育评估研究》2020年第1期。

是教师成长的重要途径，同时也是批判性思维的重要组成部分①。教师培养的反省模式强调通过职前教师对自己教学经验随时和事后的反省来提高职前教师的教学能力②。培养职前教师的批判性思维有助于提高教师的反省能力、形成开放的心态、提升教师的教学效果，使教师在教学中发挥出自己的潜力，并把这种能力和心态潜移默化地传授给学生。

教师教育的一个重要目标就是帮助教师完成职业认同的发展③。职前教师在实习工作时，积极利用主观经验来建立自己的职业认同。职前教师是否认为自己是社区中被接受和有生产力的一员，这在很大程度上影响了他们会成为怎样的教师。而最近的研究也指出，职前教育同时也受大学和实习学校伙伴关系、师徒关系、校园文化管理以及社会文化语境等宏观环境的影响④。

目前学界聚焦职前教师批判性思维的研究较少，而针对我国和国外职前教师的批判性思维差异性的比较研究则基本处于空白阶段。有研究认为我国职前教师的培养过程缺乏对批判性思维能力的支持，职前教师在运用自己的批判性思维时面临包括学校政策、文化背景和教学能力的一系列内部及外部挑战⑤。然而该项研究聚焦职前教育的不足，缺乏对哪种做法有效培养职前教师批判性思维能力的探讨。为了弥补前人研究的不足，本研究立足于对我国和美国职前教师批判性思维能力的比较性研究，并在比较中着重观察社会文化背景对两国职前教师思维能力的影响和提高批判性思维能力的途径。

二　研究方法

（一）研究对象

本研究对 30 名美国职前教师和 30 名国内的职前教师进行了深入访

① 马秀丽：《反省：教师教育者发展的新理论》，《民族教育研究》2015 年第 6 期。

② 康晓伟：《教师教育者：内涵、身份认同及其角色研究》，《教师教育研究》2012 年第 1 期。

③ Ruohotie - Lyhty, M., & Moate, J. Who and how? Preservice teachers as active agents developing professional identities [J]. *Teaching and Teacher Education*, 2016, 55, 318-327.

④ 毛晋平、钟妮、黄亚雯等：《师范生创新精神与目标定向、学校环境因素关系的实证研究》，《教师教育研究》2019 年第 5 期。

⑤ Yuan, R., & Stapleton, P. Student teachers' perceptions of critical thinking and its teaching [J]. *ELT Journal*, 2020, 74 (1), 40-48.

谈。30 名美国职前教师均来自东部一所私立大学大四的学生，其中 28 人为女生，2 人为男生。所有教师均完成教学实习。30 名中国职前教师均来自一所部属师范大学大四的学生，其中 26 人为女生，4 人为男生。所有的中国职前教师都在公立中学完成了为期三个月的教学实习。研究对象的招募均基于自愿原则。

（二）访谈

访谈围绕以下三个问题进行：1. 对批判性思维概念的理解；2. 批判性思维在本科学习阶段的体现；3. 批判性思维在教育实习阶段的体现。对美国职前教师的访谈以英文进行，对中国职前教师的访谈以中文进行。所有访谈均采用扎根理论方法进行记录、转录和编码。在中国的访谈由位于中国的第一作者进行，在美国的访谈由位于美国的第二作者进行。访谈均为一对一当面访谈，每次访谈时间在三十分钟左右。在访谈前，两位作者草拟了中文版访谈提纲，并对访谈提纲进行了翻译。随后，两位作者选取了三名位于中国的访谈者，对访谈者进行了中英文双语访谈，确认访谈问题的中文表述和英语表述没有差别。随后，两位作者分别对中美职前教师进行了正式访谈，对中国职前教师的访谈用中文进行，对美国职前教师的访谈用英语进行。

（三）分析方法

访谈结果采用了迭代归纳的分析方法（iterative inductive process）[①]，两位作者背靠背分别对自己收集的数据进行编码。第一级为机构编码，具体的编码包括：学业课程，课外活动，论文写作，实习经历，求职经历，毕业要求等。第二级为对涉及的批判性思维能力进行性质上的概括，具体编码包括：重要性（重要/不重要），认知技能，思维倾向性，开放性，求知欲，自信心，反思，多元思维能力等。在两位作者分别对各自的数据进行编码后，又对对方的数据进行了编码。在编码后，两位作者对不同的编码进行了讨论并最终确定了 95%的统一度。

三 研究结果

在本研究中，职前教师们在访谈中畅谈了自己对批判性思维能力的认

① Maxwell，J.A.*Qualitative Research Design：An Interactive Approach*（2nd Ed.）［M］. 2005，Thousand Oaks，CA：Sage.

知和体验。对比中美职前教师的讲述发现，职前教师们的体验有相当的共同性，例如，中美职前教师普遍认同批判性思维能力的重要性。同时，中美职前教师体验到的批判性思维培养方式也存在一定的差异。本文着重从差异方面，从职前教师作为受教育者和作为未来教育者两方面阐述本研究观察到的中美职前教师对批判性思维体验的差异。

（一）职前教师作为受教育者在本科学习阶段的批判性思维特征

我国职前教师普遍反映，和国内的高中阶段相比，本科阶段的课程较关注学生批判性思维的发展。其在访谈中提到的成功的培养方式包括课程内容启发、课内小组讨论，教师和学生互动激发了同学们去反思自己以前的一些观念。令受访学生普遍印象深刻的学习经历包括，大学教师们支持同学们表达自己的观点和学术写作以训练批判性思维能力。以下是一名中国职前教师的经历：

> 本科期间比高中还是好很多。高中期间基本就是老师说了算。本科有时候上课的时候还可以对一些事情提出自己的见解。比如高英课，有时候会思考一些比较深刻的问题。比如有篇课文，讲20世纪堕落的美国年轻人，我们有与课文不同的观点，老师还让我们做PPT来讲自己的观点。

同时在写作上，经过几年学术写作的训练，中国职前教师认为自己已经逐步掌握对自己观点进行全面客观表达的方法。一名中国职前教师表示：“写作现在也知道要写两个方面了，同意什么，不同意什么，看法更全面了。两方面都会有写。”这种提高与正确的培养训练是分不开的。

中美两国职前教师在本科学习阶段的批判性思维经历有一定相似之处，例如都认为写作练习有效培养了他们的批判性思维。区别是，美国职前教师提到了更多培养本科生批判性思维的具体方法。例如，在提到写作时，美国职前教师反映他们的老师会给出细致反馈，对她的论述反复询问到底是为什么，促进她反思自己的论述。

> After every statement we made, the professor continued to ask us why. It got to the point of I didn't even realize what I was trying to say but he made me go so deep into thought that I meant something totally different

than I initially said. 在我的每一个论述后面，教授反复询问我们“为什么（这么说）?”这种训练让我开始意识到，我其实并不那么清楚我到底在写些什么/但是他让我深刻地去思考自己到底怎么想的，可能和我一开始说的（写的）都不一样。

同时，美国职前教师表示学校要求教师教育职前经历提交档案袋式的记录，并在记录里对细节进行详细描述。“Something that this school in particular looks for in the writing portfolio is how we can critically think and write about details.”这所学校特别重视档案袋的记录，特别是我们在档案袋里对（学习和工作）细节的批判性思考和记录。

美国职前教师的档案袋式记录贯穿整个本科培养阶段，主要为本科课程各个时期具有代表性的作业（小论文）和反思记录。学院组织读写委员会对职前教师的档案袋进行评分。档案袋成绩合格是职前教师毕业和取得教师资格证的要求之一。虽然中国职前教师也在本科课程中进行记录和反思，但是中国职前教师表示，没有教师对他们的反思记录进行过内容上的要求，也没有对内容进行过反馈。

由此可见，在职前教师的本科学习阶段，国内职前教师对批判性思维的体验是教师对学生观点的尊重和支持，而美国职前教师体验到更多的是在细节上反复地和批判性地思考。

（二）职前教师作为未来的教育者在实习阶段的批判性思维特征

教育实习是教师培养的重要环节。在教育实习阶段，职前教师通过教学实践，反思自己对教学和教师职业的认识，完成从学生到教师的转变。研究显示，职前教师的批判性思维能力和身份的转变正相关①。本研究中提供的质性数据揭示了这一阶段批判性思维具体的内容和特征。国内职前教师表示，在教育实习期间，自己对课堂和教学的认知得到了提高，而美国职前教师在这一阶段更关注自己科学逻辑地解决问题的能力。以下是一名中国职前教师的讲述。

我认为在实习期间，我学会了把握课堂，开始知道课堂里发生了

① Parsi G. Ashraf H. The relationship among EFL teachers' critical thinking, professional identity and teaching experience [J]. *Journal of Applied Linguistics and Language Research*, 2020, 7 (1).

什么。刚开始自己去上课我只是教内容，讲这个知识点。后来我发现我的导师，她会完成她的教学，然后她知道哪个学生掌握了，谁没听懂，谁心不在焉，需要额外地注意，她都知道。

在实习过程中，这名职前教师深切体会到作为教师，不仅是“讲这个知识点”，更重要的是观察和分析学生情况。而这种对教师职业的深刻理解体现了在反省能力促进下的教师职业认同的发展①。

在提到实习期对批判性思维能力的培养时，美国职前教师举出了更多、更清楚地利用批判性思维定义问题，寻找解决方法的实例。例如：

One example that jumps out to me is when I did a student observation. I was required to observe and work with a student. I did not perform any of the assessment myself, but I was given access to his performance levels. I then had to create IEP goals based on my observations and the information available to me. In this case study, I had to read and review materials, then analyze the information to make a determination on how to best meet the student's needs. This was left to my discretion (opinion), which I believe is critical thinking. 我想到的一个例子是我做了一个（有特殊需求的）学生观察。我被要求观察一个学生并辅导他，我自己并没有对他进行测试，但是我有他测试的资料。我必须根据手头的资料，分析信息，然后写出他个性化的阶段教育目标。在这个例子里，我必须审阅资料，然后做出决策，如何制定最合适他的目标。而这个决定是由我来做的，我认为这就是批判性思维。

在这里，美国职前教师在批判性思维的概念化中采用了“分析”“决策”等认知概念，并清楚地解释自己解决问题的过程：收集资料、分析信息并最后做出决定，体现了 Paul 的批判性思维定义②。中国职前教师在实习期间的典型批判性思维是利用批判性思维加强自己对教师职业的整体

① Ruohotie-Lyhty, M., & Moate, J. Who and how? Preservice teachers as active agents developing professional identities [J]. *Teaching and Teacher Education*, 2016, 55, 318-327.

② Chen, L.Understanding critical thinking in Chinese sociocultural contexts: A case study in a Chinese college [J]. *Thinking Skills and Creativity*, 2017, 24, 140-151.

理解，而美国职前教师倾向于将自己经过独立分析得出一个结论的过程定义为批判性思维。

（三）批判性思维与职业认知

国内职前教师非常重视批判性思维，所有参加访谈的职前教师都认为批判性思维能力对未来工作至关重要，并能举出具体事例来证明自己的观点。但是在谈到具体事例时，国内职前教师对批判性思维的看法却只停留在“想问题的方式”上，认为批判性思维能力能够为他们分析问题提供框架，从正反两方面看问题。而美国职前教师对批判性思维的体验更强调在教学中运用经过科学验证的教育策略和对实证研究的思考。

> 我认为批判性思维对未来工作肯定很重要。工作中需要你从不同角度去深入思考解决一些问题。比如学生沉迷于课外兴趣活动，你可能得考虑，一方面兴趣活动影响了学习，另一方面兴趣活动有助于学生的全面发展。

这名中国职前教师认为批判性思维能帮助她一分为二地看问题，既“看到”课外活动的优点又“看到”课外活动对学习成绩的不利影响。这是典型的中国学生对批判性思维概念的理解①。相比而言，美国职前教师提出工作中对批判性思维的运用是超越主观感受的，强调根据实证研究来解决问题，她们对批判性思维的理解上升到了用实证研究解决问题，形成自己的教学风格，将教育科研与个人实践相结合。以下为两位美国职前教师的观点。

> When you think critically you focus on evidence-based information and not necessarily on how you feel about a topic or subject. Critical thinking can lead to a more creative mindset and this is important as an educator. 当你运用批判性思维想问题的时候，你关注的是有实证支持的信息，而不是你自己的感受。批判性思维能让人用更具有创造力的思维方式解决问题，这对教育者是很重要的。
>
> Critical thinking is essential for students to develop their own teaching

① Paul, R.*Critical Thinking*.Rohnert Park [M], 1990, CA: Sonoma State University.

theory and style of instruction. While some of the research based strategies and interventions can be implemented, it is crucial to think beyond the known and devise a personalized approach to being a teacher, which absolutely entails critical thinking. 批判性思维对学生提高自己的教学理念和教学方式非常重要。尽管在教学中需要实施经过科学验证的教学和干预策略，教学中还需要进一步思考（这些科学验证的局限性），形成自己的判断和风格。

由此可见，美国职前教师教育非常强调对实证研究的运用和思考。美国职前教师认同这种实证的态度为批判性思维能力的体现。

四 讨论

中美两国职前教师对批判性思维的体验具有鲜明的社会和文化特征。中国职前教师重视拥有自我观点和两分法思考，重视自己作为教师整体教书育人能力的提高。这种文化特征的来源有其一定的社会文化背景，我国职前教师的高中阶段主要接受应试教育，注重知识的灌输，缺乏对学生自主思考能力的培养，“都是老师说了算”，职前教师渴望表达自己的真实意见。职前教师本科学习阶段的老师则较为尊重职前教师自主形成的观点，鼓励他们在课堂上表达自己的观点，这对他们来说是宝贵的批判性思维体验。

社会文化视角认为教育需关乎学生真实的情感和体验。教师鼓励学生表达自己的观点意味着课堂注重引入学生真实情感和体验。这一点在对东亚教师的研究中得到过验证①。

而在美国的教学环境下，大部分职前教师在高中阶段就能较为充分地表达自己的观点，因此在本科学习阶段强调自我的审视和严谨的逻辑，注重个体化、细致化的批判性思维的训练②。

在教育实习过程中，我国职前教师主动运用批判性思维反思自己的教学方法，培养“把握课堂的能力”，也乐于利用批判性思维提供的思维框

① Edward R.Howe.Canadian and Japanese teachers´ conceptions of critical thinking：a comparative study［J］. *Teachers and Teaching*：*Theory and Practice*，2006，10（5），505-525.

② Ruohotie - Lyhty，M.，& Moate，J. Who and how? Preservice teachers as active agents developing professional identities［J］. *Teaching and Teacher Education*，2016，55，318-327.

架，思辨性地分析一些与教学有关的问题，例如“学生沉迷于网络游戏该怎么办”。

相比而言，美国职前教师利用批判性思维能力分析问题、解决问题并做出决定的机会更多，侧重利用实证研究解决问题，关注自己的教学风格的形成。在教育实习阶段，我国教育文化关注“把握课堂”等抽象的经验和哲理，而美国教育文化更侧重运用实证研究。因此，我国职前教师对批判性思维的体验更多的是领悟哲理，而美国职前教师更能体会到在实证中形成自己的决策判断和教学风格。从一定意义上来说，职前教师运用批判性思维解决问题的能力也受制于一个社会有没有运用实证解决问题的习惯①。在教育越来越实证化的今天，通过对中国职前教师和美国职前教师批判性思维体验的对比呼唤教师教育需要更多地引入对实证研究的批判性解读和运用。

五　结语

本文通过开展针对批判性思维的质性访谈，揭示了中美职前教师在批判性思维概念的理解和运用上的差异，并探讨了这些差异对我国教师培养和基础教育的启示。本研究对提高职前教师的批判性思维能力提出了三个方面的启示：①在本科学习阶段的写作教学中注重培养职前教师对细节的反思；②在教育实习阶段注重培养职前教师解决问题的能力；③在职前教师的培养中注重具备自己的分析和判断，并最终形成自己的教学理念和教学方法。

参考文献

Borg, S. Teachers' beliefs and classroom practices [C]. *The Routledge Handbook of Language Awareness*, 2018,: 75-91.

Chen, L.Understanding critical thinking in Chinese sociocultural contexts: A case study in a Chinese college [J]. *Thinking Skills and Creativity*, 2017, 24, 140-151.

Edward R.Howe.Canadian and Japanese teachers´ conceptions of critical thinking: a comparative study [J]. *Teachers and Teaching: Theory and Practice*, 2006, 10 (5), 505-525.

① Yuan, R., & Stapleton, P.Student teachers' perceptions of critical thinking and its teaching [J]. *ELT Journal*, 2020, 74 (1), 40-48.

Ip, W.Y., Lee, D.T., Lee, I.F., Chau, J.P., Wootton, Y.S., & Chang, A.M..Disposition towards critical thinking: a study of Chinese undergraduate nursing students [J]. *Journal of Advanced Nursing*, 2000, 32 (1), 84-90.

Jurasaite-Harbison, E & Rex, A.School cultures as contexts for informal teacher learning [J]. *Teaching and Teacher Education*, 2010, 26 (2): 267-277.

Maxwell, J.A.*Qualitative Research Design: An Interactive Approach* (*2nd Ed.*) [M]. 2005, Thousand Oaks, CA: Sage.

Parsi G.Ashraf H.The relationship among EFL teachers' critical thinking, professional identity and teaching experience [J]. *Journal of Applied Linguistics and Language Research*, 2020, 7 (1).

Paul, R.*Critical Thinking*.Rohnert Park [M], 1990, CA: Sonoma State University.

Ruohotie-Lyhty, M., & Moate, J.Who and how? Preservice teachers as active agents developing professional identities [J]. *Teaching and Teacher Education*, 2016, 55, 318-327.

Tian, J., & Low, G.D.Critical thinking and Chinese university students: A review of the evidence [J]. *Language, Culture and Curriculum*, 2011, 24 (1), 61-76.

Tiwari, A., Avery, A., & Lai, P.Critical thinking disposition of Hong Kong Chinese and Australian nursing students [J]. *Journal of Advanced Nursing*, 2003, 44 (3), 298-307.

Williams, R.L.Targeting critical thinking within teacher education: The potential impact on society [J]. *The Teacher Educator*, 2005, 40 (3), 163-187.

Yuan, R., & Stapleton, P.Student teachers' perceptions of critical thinking and its teaching [J]. *ELT Journal*, 2020, 74 (1), 40-48.

康晓伟:《教师教育者:内涵、身份认同及其角色研究》,《教师教育研究》2012 年第 1 期。

马秀丽:《反省:教师教育者发展的新理论》,《民族教育研究》2015 年第 6 期。

毛晋平、钟妮、黄亚雯等:《师范生创新精神与目标定向、学校环境因素关系的实证研究》,《教师教育研究》2019 年第 5 期。

田社平、王立科、邱意弘:《“双一流”建设高校批判性思维能力评价的实证研究》,《上海教育评估研究》2020 年第 1 期。

叶映华、尹艳梅:《大学生批判性思维的认知特点及培养策略探析——基于小组合作探究的实证研究》,《教育发展研究》2019 年第 11 期。

钟启泉:《批判性思维:概念界定与教学方略》,《全球教育展望》2020 年第 1 期。

Chinese and American pre-service teachers' critical thinking competence: a cross-cultural comparison study

Chen Lei, Wen Huijing

Abstract: Cultivate pre-service teachers' critical thinking is one of the most important goals of teacher education, although this area is understudied. What are the features of Chinese pre-service teachers' critical thinking compared to the American pre-service teachers based on sociocultural theories? This study found two major differences after comparing pre-service teachers from a Chinese normal university and pre-service teachers in an American university. (1) Pre-service teachers in China regard "respecting students' opinions" as exemplary measures to cultivate critical thinking while American teachers regard reflecting and deconstructing students' opinions as cultivating critical thinking. (2) During student teaching, Chinese pre-service teachers believe that critical thinking offers them a framework to analyze problems while American teachers regard critical thinking as critical analysis of academic studies on teaching. At the end of the study, cultural implications and implications about teaching are also discussed.

Key words: Critical thinking, pre-service teachers, cross-cultural comparison studies.

英语专业学位硕士培养过程中的历史教育实践研究

——以陕西师范大学"跨文化交际"课程为例*

贺　敏**

摘　要：在英语专业学位硕士的"跨文化交际"课程中引入历史教育是对此课程的一种新探索。本文针对现阶段国内跨文化交际相关研究的不足，通过课堂实践案例来展示如何引导学生以历史思维来强化对跨文化交际中问题的认识，结合以培养学生的家国情怀与人文精神，实现了历史教育与跨文化交际课程的良好结合。

关键词：英语专业学位硕士；历史教育；"跨文化交际"课程

一　引言

国外学界的跨文化研究肇始于美国人类学家 E. T. Hall 1959 年出版的《无声的语言》（*The Silent Language*）一书。此书被视为跨文化交际学的奠基之作，其主要观点是：空间会说话（Space speaks）。实质上，霍尔意在号召各国人民打破文化屏障，实现文化交流。在我国，许国璋老先生于 1980 年在《现代外语》第 4 期上发表了"Culturally-loaded Words and English Teaching"一文，开我国跨文化研究之先河。自此以降，我国几代外语学者前仆后继，对跨文化交际展开了多维度研究，主要聚焦于跨文化交际与外语教学、跨文化交际与翻译、跨文化比较研究、跨文化语用学等主题。

---

* 本文是 2019 年度陕西师范大学研究生教育教学改革研究项目（学位与研究生教育教学改革研究项目）"英语专业学位硕士跨文化交际教学改革研究——基于社会文化史视阈"（项目编号：GERP—19—37）的阶段性成果。

** 作者简介：贺敏（1975—　），女，陕西师范大学外国语学院副教授，研究方向：西方文化、跨文化交际学、英语教学。

二 国内跨文化研究现状

笔者在中国期刊网输入“跨文化交际”关键词，相关研究成果2万余篇，但实际上真正有借鉴性且成体系的甚少。彭世勇（2010：14）对2000年至2010年10年间发表在我国CSSCI类528种学术期刊和外语类核心期刊上的1043篇有关跨文化交际的论文，进行数量对比分析后发现，跨文化交际研究在我国还没有成为主流的学术研究。在这10年间，发表在CSSCI类学术刊物上的跨文化交际论文只占全部已发表的跨文化交际论文总数的13.5%。我国绝大多数跨文化交际论文（86.5%）都是刊登在非核心、非主流或不知名的学术刊物上。由此不难看出我国跨文化研究困窘的处境。在这一点上，我国资深语言学家刘润清（2011：34）表示了相似的担忧。跨文化交际研究在我国虽取得了学术地位，但还没有成为主流性的学术研究。综观我们的研究现状，不难发现，“零散罗列现象为多，整体系统研究居少；低层次的概括为多，高层次的抽象居少；实用性的建议为多，理论性的建树居少”。公允地说，这一认识颇有见地。目前国内可借鉴使用的跨文化交际教材基本限于传统范式，覆盖内容包括语言文化差异、非言语行为、文化冲击、文化价值观、跨文化交际障碍、风俗、礼仪、性别文化、外语教学等主题，且大多呈现出叙多论少的态势。

可喜的是，我国一些学者就我国跨文化交际研究所面临的困窘处境做出了积极的拨正，如陆建非与戴晓东（2015）在其主编的《跨文化交际研究新动态》开篇就关注了“跨文化适应”主题，主题下的三篇文章《从儒化到适应：赴泰汉语教师志愿者跨文化心理适应质化研究》、《西南内陆高校国际留学生跨文化适应研究——以西南财经大学为例》及《美国留学生在中国的跨文化适应研究》均是“拿数字说话，以案例讲理的论文”。从中也能看出作者与编者向国际化研究态势靠拢的苦心与努力。除此，有关跨文化的学术会议也做出了积极的调试，表现出与时俱进的时代精神。2018年第十四届中国跨文化交际学会国际研讨会在山东大学召开，此次会议以“跨文化教育与人类命运共同体”为主题，覆盖跨文化教育与人类命运共同体构建、跨文化教育与“一带一路”倡议等13个议题（刑霞、钟妹，2018）。

除此，从更为宏大的国家级项目立项的情况看，与国际跨文化交际研究靠近与接轨势在必行，2015年度和2016年度教育部人文社会科学重点研究基地重大项目连续两年给予跨文化研究方法以极大的关注，分别将“跨文化方法论研究”和“跨文化学理论与方法”立项；2019年，“在华留学生跨文化适应性的影响因素及其干预策略实证研究——以云南省为例”荣膺教育部人文社会科学研究项目立项之列。总之，在深刻意识到我国跨文化交际研究现状与国际跨文化研究趋势的差距后，国内一些有学术远见的研究者努力做出调适以与国际接轨。实际上，一些颇有学术洞见的学者并没有囿于国际相关研究的选题，相反，他们积极尝试将中国自己博大精深、源远流长的传统文化嵌入跨文化研究中，例如“跨文化视野下的海外汉字学研究”和“跨文化视野下的民俗文化研究”被立项为2019年度教育部人文社会科学重点研究基地重大项目。由此，我国跨文化研究的维度得到了很大的拓展，同时看作是目前“一带一路”所倡议的讲好中国故事的一种很好的尝试。

Jackson（2014）、Kulich，Prosser（2017）系统归纳了与跨文化交际有一定“血脉”的学科，包括人类学、社会学、心理学、修辞学、符号学、教育学、传播学、文化研究、翻译学等。以美国跨文化交际领域的权威期刊 *International Journal of Intercultural Relations*（*IJIR*）为例，其卷首语明确指出其“为心理学、传播学、教育学、管理学、社会学及相关学科的学者提供了一个跨学科的论坛”。从中不难看出跨文化研究本身所具有的跨学科性。北京外国语大学教授曾经考察了1999—2002年IJIR上所刊载的论文，结果显示一半之多的学者有着心理学和传播学的学科背景。实际上，具有心理学研究背景的学者是美国跨文化交际研究的主力军（胡文仲，2005）。

可以说，这也为跨文化交际课程的讲授和研究指明了维度拓宽的方向。就笔者给英语专业硕士开设的跨文化交际课程而言，主要出于以下两方面考虑：其一，很多英语专业硕士在本科阶段时就已参加过跨文化交际相关课程的学习，浅显的低层次知识除课堂本身显得寡淡之外，也无益于他们学术知识的积累与研究能力的提升；其二，借助笔者所从事研究方向的优势，立足的是跨文化交际，着眼的是文明的冲突、互动、冲突消融或共存的事实，在增强跨文化交际课程的丰富性、厚度和质感的同时着重思考的是如何提升学生的学术视野和思辨能力。

三　英语专业硕士培养过程中开展文化史教育的必要性

古人云："以铜为镜，可以正衣冠；以史为镜，可以知兴替；以人为镜，可以明得失。"习近平在国际国内多个场合多次强调要"重视历史、研究历史、借鉴历史、把握历史"，是对古人智慧的深刻领悟。马克·布洛赫说："历史以人类的活动为特定的对象，它思接万载，视通万里，千姿百态，令人销魂，因此它比其他学科更能激发人们的想象力。"休谟说："历史不仅是知识中很有价值的一部分，而且还打开了通向其他许多部分的门径，并为许多科学领域提供了材料。"作为应该具备一定研究素养的硕士而言，历史修养是其必备的考虑。

（一）历史教育可以培养学生的家国情怀

清代学者钱穆（1994：2—3）指出："若一民族对其以往历史了无所知，此必为无文化之民族，此民族中之分子，其民族必无甚深之爱，必不能为其民族真奋斗而牺牲，此民族终将无争存于并世之力量……故欲其国民对国家有深厚之了解。"诚然，英语专业的硕士虽然"术有专攻"，但对祖国在历史进程中与其他文明碰撞、协商与对话的了解不可缺少。

（二）历史教育培育学生的人文精神，提升其学术修养

世界各国形态各异的异质文明对于生活在世界"部落"的人们而言是咫尺之遥。了解世界从隔绝、分散逐步融合的历程，勾勒各国思想文化的发展脉络和独具风格的社会风貌，在认识到每一种文化都经历了形成、成长、兴盛、衰微、消耗的历史嬗变中引导学生尊重多元文化。在积累深厚的文化积淀的同时，培育具有广博情怀的学术洞见。

四　跨文化交际：历史教育的实践探索

（一）教学理念

上海外国语大学校长曹德明（2011：3）就外语院校培养国际化人才提出6点特质，其中第一个特质是：有全球视野、国际观念，了解当今时代问题、世界发展历史与趋势；最后一个特质是有跨文化沟通能力，能理解和尊重不同的文化。换言之，优秀的外语人才应该博采众长，并且有了足够的认识问题的高度才能真正在跨文化实践中兼容并蓄，有的放矢。而历史视阈下的跨文化交际恰恰可以给英语专业硕士提供这样一个契机。

鉴于此，笔者尝试从社会文化史的视角和学生一起探析跨文化交际诸

概念与实践在具体历史语境中的流变及其被赋予的新内涵。这既能在一定程度上反映不同文化主导话语权的变化，也能体现不同时期相同文化社会价值观念的嬗变，由此以厘清文化源头的路径来增强英语专业学位硕士的历史文化意识，学会利用历史眼光来强化研究的深度，从而培养他们在跨文化学术研究过程中的历史思维。

（二）教学实践

在具体的教学实践中，笔者主要依托国内外主要的跨文化交际理论，加入相关主题在具体历史语境中所遭遇的各类文化冲突、文化适应问题，借助社会历史文化源头来剖析与领会跨文化交际过程中的碰撞、协商与对话。

研究选取英语专业二年级硕士为对象，选取为期 16 周的跨文化交际课堂教学（选修课）中的一个主题来说明历史教育如何深化英语专业学位硕士的学术视野及其对跨文化交际问题的认识。例如在讲授跨文化交际过程中经常遭遇到的 stereotype 问题时，笔者按照传统跨文化交际课程的授课范式追溯此词的来源：首次出现在出版于 1922 年 W. Lippmann 的《大众舆论》(社会学著作)；解读词源：一个古希腊词汇，且是印刷专业术语；合成词：stereo 表固定、僵化之意；type 指形体、状态、印刷字模，两个词组在一起意为：固定的印版；提出跨文化中一个基本假设：属于一个群体（民族、宗教、性别）等成员所具有类似的行为和态度；而后开展课堂互动：The stereotypes of Englishman，French，Chinese? 在对 stereotype 有了初步认识后，组织学生观看电影《刮痧》中美国人眼中的中国形象，其中包括律师对我国四大名著之一《西游记》中孙悟空的解读；助产护士对中国丈夫的解读；美国社会对中医疗法——刮痧的解读；等等。通过多维度讨论，意在引导学生领悟 stereotype 在不同文化中的弥漫性之广。与此同时，笔者会有意引导学生去探讨其他在社会中容易引发 stereotype 的话题，比如 GAY，而后笔者会将在美国旧金山亲身经历的“同性恋大游行”（Gay Pride Parade）的所见所闻（counter-stereotype）分享给学生。基于不同的观点主张，对人们给予 stereotype 这个词不同的感情色彩进行简单剖析：这个词在历史进程中的演变表现出从贬义向中性发展的态势，目前较广为人们接受的新译：定型、文化定型、定型观念。

上述课程安排与开展可能与传统的跨文化交际课堂并无太大区别，如果没有更多维度上的探索，或许这一主题会就此戛然而止，草草翻过。然而对于笔者而言，这只是我们要了解 stereotype 所呈现出文化差异或者造成跨文化交际过程中文化休克的开端而已。换言之，我们只是将此作为更多议题的引子。接下来的几节课堂中，笔者会带领学生从文化史的视角来探知更深层次上 stereotype 如何影响历史上思想文化的发展。具体而言，笔者整合 stereotype 相关的研究资源，如从赛珍珠在长篇小说《大地》中如何建构了中国农民灵魂的多层次形象，进而引导学生探讨与理解此作品创作的意义所在，它刷新了西方读者眼中中国那种“历史悠久而又软弱落后的神秘国度”形象，从而在很大程度上弥合了东西文化之间文化定型界定彼此的鸿沟。在此基础上，进一步引导学生了解爱德华·W. 萨义德在《东方学》中对“东方”形象的建构，同时强调形象的话语建构受其所处具体历史语境中诸多层面权力如政治权力、学术权力、文化权力、道德权力的掣肘。除此，以土耳其裔美国学者阿里夫·德里克（Arif Dirl）的著作《后革命氛围》中提出的“自我东方化”来展现东方文化定型形象的建构不仅仅是西方人创造的，事实上，东方人也参与了这种形象建构的发展和演变过程，故而，可以说东方主义也是东方人自我构建的产物，即东方主义在某种程度上也是东方人的自我东方化（阿里夫·德里克，1999：281—282）。

最后，在学生对基本概念形成一定的批判认识的基础上，笔者着眼于构建更多角度、层面上的相关研究，旨在和学生开掘和阐发更立体、更全面的认识与阐释。例如，我们先后探讨了东方学 VS 西方学；西学东渐 VS 东学西渐；亨廷顿的《文明的冲突》《我们是谁》；斯宾格勒的《西方的没落》；佩里·安德森的《文明及其内涵》；汤一介的《评亨廷顿〈文明的冲突〉》和《“文明的冲突”与“文明的共存”》，以及季羡林的《河东河西》；皮柯·艾耶的“世界性”（Cosmopolitan）……

总之，笔者通过显性与隐性的教学手段来推动历史与跨文化交际课程的结合，旨在扩大英语专业硕士的学术视野与文化素养，从而提升其跨文化交际能力。从学生对课程安排与讲授及参与的反映来看，他们非常认可笔者的教学构想与实践，在笔者建立的“跨文化交际课堂”的 QQ 群里，学生会写下“上老师的课感觉又回到了在某外国语大学读书的时光，老师讲课的视野非常宽广，特别具有启发性”等等。在一学期的课程结束后，偶有与学生碰面，也会怀念曾经听课时所受的启发，并且笑语会积极给下一届的同学推荐选修此课程。

五 结语

诚然，很难用数字或某种客观的东西来考量人文精神与文明素养的习得与强化。将历史与跨文化交际课程相结合需要世界眼光、中国立场（贾文键，2015：27）。需要指出的是，基于社会文化史视阈的跨文化交际课程从表面看来与传统的跨文化交际课程主题重复，但在深层次上，本教学研究试图修正传统的碎片化研究，在追溯某一跨文化主题的历史渊源的同时，再辅之以具体案例剖析，希冀形成具有一定层次的系统理论，从而激发学生的学术思考与辨析能力。无疑，跨文化交际能力的培养并不是一蹴而就的事情，正如胡文仲（2013：6）指出："跨文化交际能力培养并非一门或几门课程就能完成，它必须贯穿整个教学过程，外语专业的诸多课程都需要从跨文化的角度来教。……除此之外，还需要课外及实际工作各方面的配合。"也许历史视阈下的教学路径探索在培养学生厚重历史意识的同时，也推动他们用历史的思维来加深其对跨文化交际过程中问题的认识，从而有效地影响其跨文化交际能力。

参考文献

Hall，E. T.，*The Silent Language*，Anchor Books，1959.

IJIR，https：//www. journals. elsevier. com/international - journal - of - intercultural - relations/ .

Jackson，J.，*Introducing Language and Intercultural Communication*，Abingdon，UK：Routledge，2014.

顾力行（Kulich，S. J），普罗斯（Prosser，M. H.）：《跨文化视角下的中国人：交际与传播》，上海外语教育出版社 2007 年版。

［美］阿里夫·德里克：《后革命氛围》，王宁等译，中国社会科学出版社 1999 年版。

曹德明：《高等外语院校国际化外语人才培养的若干思考》，《外语教学理论与实践》2011 年第 3 期。

胡文仲：《跨文化交际能力在外语教学中如何定位》，《外语界》2013 年第 6 期。

贾文键：《外语专业国际化人才培养的内涵与标准——北京外国语大学国际化人才培养的理念与实践》，《中国大学教学》2015 年第 3 期。

李本现：《跨文化交际综合教程》（*Communication across Cultures：Reading and Doing*），商务印书馆 2016 年版。

刘润清：《跨文化交际——外国语言文学中的隐蔽文化》（序），转引自戴晓东《跨文化交际理论》，上海外语教育出版社 2011 年版。
陆建非、戴晓东：《跨文化交际研究新动态》，上海三联书店 2015 年版。
莫爱屏：《跨文化交际教程》（*Intercultural Communication Theory and Practice*），北京大学出版社 2016 年版。
彭世勇：《中国跨文化交际研究的现状与困境》，《汕头大学学报》（人文社会科学版）2010 年第 4 期。
钱穆：《国史大纲》，商务印书馆 1994 年版。
刑霞、钟姝：《跨文化教育与人类命运共同体构建——第十四届中国跨文化交际学会国际研讨会召开》，2018，http：//www.shekebao.com.cn/shekebao/n440/n448/u1ai13475.html/（2020 年 5 月 20 日读取）。
许国璋：《Culturally-Loaded Words and English Teaching》，《现代外语》1980 年第 4 期。

Research on the Practice of History Education in the Cultivation of English Major Graduate Students

—A Case Study of the Course on "Intercultural Communication" in SNNU

He Min

Abstract: It is a new exploration to introduce history education into the course on "intercultural communication" for English major graduate students. In view of the shortcomings of the current research on intercultural communication in China, this paper demonstrates how to guide students to strengthen their understanding of the problems in intercultural communication with historical thinking through classroom practice cases, and achieves a good combination of history education and the course on intercultural communication by cultivating students' love of Family-country and humanistic spirit.

Key words: English major graduate students; history education; course on "intercultural communication"

语言与教学

窄式阅读对高中生英语学习兴趣的影响研究*

戴 琨 杨 婧 陈宜春**

摘 要：众所周知，阅读作为一种重要的输入方式，在英语学习中占有重要地位。但目前英语阅读教学中仍存在一些问题，探索一些有效的教学方法迫在眉睫。本研究将克拉申（Krashen）提出的窄式阅读运用于高中英语阅读教学，旨在探究窄式阅读对高中生学习兴趣的影响。本研究采用了前后测对照组的准实验设计，实验班采用窄式阅读，控制班采用日常教学法。并采用量性研究方法，选取一份具有较高信、效度的英语学习兴趣评价量表，用以调查学生的英语学习兴趣，使用 SPSS25.0 对数据进行分析。主要发现总结如下：窄式阅读教学方法实施后，实验班的学习兴趣平均成绩由 71.8696 提高到了 72.5000（$p=0.024$，$p<0.05$），由此可见窄式阅读显著地提高了高中生的英语学习兴趣。

关键词：窄式阅读；高中生；学习兴趣

引言

阅读素养是学生在各个学习阶段必须具备的学习能力，阅读在培养学生的批判性思维和提高其交际能力方面发挥着不可替代的作用（王洪明，2017）。课程标准强调英语学科核心素养的重要性，包括语言能力、文化意识、思维素质和学习能力。在新课改背景下，提升学生英语核心素养是

---

* 本研究成果为陕西师范大学 2020 年度校级“课程思政”示范课建设项目资助项目成果［课程名称：大学外语（二）］。

** 作者简介：戴琨（1980— ），女，陕西师范大学外国语学院副教授，研究方向：英语教育、跨文化交际。

杨婧（1997— ），女，陕西师范大学外国语学院硕士研究生，研究方向：英语教育。

陈宜春（1996— ），女，陕西师范大学外国语学院硕士研究生，研究方向：英语教育。

一个重要的问题（李明远、彭华清，2016）。英语阅读不仅可以促进学生核心素养的形成，而且可以完善和升华其核心素养，对培养学生的核心素养具有重要意义。尤其对于大多数高中生来说，在高考的不同题型中，阅读理解都是一个重要考察内容。作为一种重要的语言技能以及有效的语言输入途径，阅读在英语学习中尤为重要。

在新课程改革后，英语阅读教学进入了一个新时期，越来越多的教师和研究者坚持探寻更有效的教学策略，但仍然存在一些值得关注的问题。例如，特别是在偏远地区，一些教师仍然采用一些传统的教学方法。阅读课的实际操作与旨在激发阅读兴趣、培养阅读动机及阅读技能的课程定位不一致（葛炳芳，2012）。此外，为高中生提供的阅读材料相对繁杂，一些学生在英语阅读方面难以取得很大进步（倪瑞芝，2011）。与此同时，一些存在逆反心理的学生甚至逐渐对英语失去兴趣（刘红，2016）。而窄式阅读是指读者在阅读的初级阶段，阅读同一作者的书籍、同一主题或同一体裁的文章，再逐步过渡到其他主题，被视为提高英语阅读能力的有效方法（陈玉萍，2011）。基于上述问题，本研究将窄式阅读运用于高中英语阅读教学中，探讨窄式阅读的有效性及其对学生学习兴趣的具体影响，以在某种程度上改善现状。

一 文献综述

（一）窄式阅读和学习兴趣的定义

1. 窄式阅读

窄式阅读由克拉申（Krashen，1981）提出，指的是阅读同一个主题、同一作者或同一体裁的文章。阅读有相似性的书籍和文章有利于读者反复接触相关词汇和背景知识（Krashen，1981）。纳西吉（Nassaji，2011）认为窄式阅读可以被定义为根据作者、体裁或主题窄化阅读材料以促进理解，也被称为深度阅读、集中阅读、基于主题的阅读或基于话题的阅读。陈玉萍（2011）认为窄式阅读指从主题相对狭窄或集中的阅读材料中获得大量的语言输入，如在特定时期内阅读同一主题、同一体裁或同一作家的作品。总之，窄式阅读的重要特征就是同一主题、同一体裁或同一作者的材料反复出现，读者从反复出现的可理解的语境中习得背景知识、词汇和结构，进而在一定程度上克服阅读障碍。这也使得在英语教学中采用这种方法成为可能。本文将窄式阅读定义为一种教学方法，其特征为在一段时间内系统并持续地阅读同一主题的文章，然后逐渐扩展到其他主题。

2. 学习兴趣

国外关于学习兴趣的研究可追溯到古希腊和古罗马时代。然而，当时没有提出明确的定义。郭戈（2013）认为，兴趣这一概念在 17 世纪受到了高度重视，被认为是儿童的天性。学习兴趣是兴趣的特征在教育领域的体现。在中国，许多学者认为学习兴趣是个体努力理解某件事或从事某种活动的心理倾向。叶奕乾和祝蓓里（2007）认为学习兴趣是一种心理特征，表明人们倾向于了解、学习及获取一些知识。吴洪艳（2016）指出兴趣的养成是人们积极探索知识的认知过程。学习兴趣的培养不是一朝一夕的事，不能用单一的方法或技能来维持很长一段时间，需要拥有正确的教学理念和心理学知识的教师来指导、支持和帮助学生探索知识，从而培养学生长期性的强烈的学习兴趣。虽然不同学者的表达方式有所不同，但他们均普遍认为学习兴趣是一种心理特征，表明学习者乐于坚持不懈地获取知识。本文采用了叶奕乾和祝蓓里（2007）提出的关于学习兴趣的定义。

（二）理论框架

1. 输入假说

克拉申（Krashen，1981）强调输入假说的重要性，认为输入假说是二语习得的一个重要概念。其中，“可理解性输入”是克拉申（Krashen）输入假说的核心。克拉申（Krashen，1981）提出可理解性输入对二语习得有着重要的影响。只有当学习者理解语言的信息或意义时，他们才能习得语言本身。克拉申（Krashen，1985）使用“*i*+1”来解释语言输入的含义。语言学习者的现有知识水平定义为“*i*”，下一阶段定义为“*i*+1”。应该向学生提供一些略超出他们目前能力的材料。

受输入理论的影响，窄式阅读侧重于语言习得和可理解性输入，鼓励读者阅读同一作者所写的文章或同一主题的阅读材料，而不是在初级阶段阅读具有各种风格和主题的文章。克拉申（Krashen，2004）认为窄式阅读有利于促进可理解性输入。它最突出的特点是阅读材料的“统一性”或“相似性”。同一主题的文章不仅能为读者提供熟悉的背景知识，而且帮助读者反复接触相同的词汇和句法结构。

2. 图式理论

图式这一概念的起源可追溯到 18 世纪，由康德（Kant）于 1781 年首次提出（韦汉、章柏成，2004）。根据图式理论，图式可分为内容图式、形式图式和语言图式三种类型。内容图示指语言所蕴含的文化背景知识，包括文化所涉及的专业知识、技能或生活方式。形式图式指关于文本特征的知识，要求读者掌握和理解整个语境结构。语言图式是关于发音、词汇和语法的语言知识。基于此理论，人们需要将新的信息与脑海中的已知信息联系起来，对新知识的理解取决于人们头脑中形成的图式。

窄式阅读与图式理论密切相关。在阅读过程中，读者心中存在的图式将对后续阅读产生很大的影响。通过窄式阅读，读者可以经常接触相同或相似的话题和语篇，从而将足够的模式存储在大脑中。窄式阅读为学习者积累和拓展相关的内容图式、形式图式和语言图式提供了更有效的途径，以促进对文本的理解和语言知识的自然习得。

（三）窄式阅读对学习兴趣影响的国内外研究现状

为验证窄式阅读对学习兴趣的影响，一些学者进行了相关研究。但目前对窄式阅读和学习兴趣的研究相对较少。值得注意的是，本部分的研究探讨了窄式阅读在英语学习环境中的影响。

康（Kang，2015）在韩国一所中学选取 90 名女学生，随机分为三组，对窄式阅读的影响进行了为期 14 周的研究，其中窄式阅读组阅读主题相关的文章。在实验的开始和结束进行了调查，以了解学生阅读态度的变化。在情感层面，前测（$N = 30$，$M = 2.80$，$SD = 0.8$）和后测（$N = 30$，$M = 4.00$，$SD = 0.66$）有显著性差异（$t = -8.38$，$p = 0.000$）。在认知层面，前测（$N = 30$，$M = 3.30$，$SD = 0.74$）和后测（$N = 30$，$M = 4.27$，$SD = 0.49$）有显著性差异（$t = -9.05$，$p = 0.000$）。诚然，本研究也有其局限性：研究对象均为女生，忽略了窄式阅读对男生的影响。此外，阅读材料来自两个不同的来源，使用同一来源的阅读材料可能更精确。

金（Kim，2015）进行了一项为期 15 周的实验，该研究基于主题的窄式阅读和重复阅读对韩国中学生阅读理解的影响。共 99 名学生被分成两组：基于主题的窄式阅读组和重复阅读组，在实验结束时向学生分发问卷，问卷中考察了他们对英语阅读的兴趣。结果表明，重复阅读组（$N = 50$，$M = 3.22$，$SD = 0.648$）和窄式阅读组（$N = 49$，$M = 3.65$，$SD = 0.694$）的英语阅读兴趣有显著性差异（$F = 4.045$，$t = -3.208$，$p = 0.002$）。

国内关于窄式阅读对学习兴趣影响的研究也相对较少，其中，大学生这一群体在这一研究领域受到了极大的关注。如黄渊柏（2003）在湖南师范大学开展了一项研究，探讨主题相关的讨论和循环阅读的效果。实验班学习兴趣的平均分从 3.46 提高到 4.07（t = 7.182，$p<0.05$），表明阅读同一主题的文章有助于提高学生的学习兴趣。赵路（2008）选取来自两个班的 49 名英语专业学生，进行了关于窄式阅读的实证研究，该实验包括实施窄式阅读的实验组和采用正常教学方法的对照组。结果表明，在实施窄式阅读后，实验组学习兴趣的平均分从 10.01 提高到 12.83（t = 4.06）。也由此得出结论，窄式阅读有助于提高学生的学习兴趣。又如在支晓来（2013）的研究中，以有趣且简洁易懂为原则，每个单元至少为学生提供了六篇主题相关的文章。教师通过各种启发性问题，引导学生在课堂上阅读和赏析这些文章。实验后，越来越多的学生开始重视课外阅读。研究表明，阅读与主题相关的文章可以激发学生的阅读兴趣并增强他们的课外阅读意识。

基于上述研究，窄式阅读似乎可以作为英语阅读教学和学习的一种有效方法。然而，虽然窄式阅读的研究越来越受到重视，在国内外取得了一些成就，但在回顾了国内外的相关研究后，发现关于窄式阅读对学习兴趣的影响的实证研究相对较少，有些局限性也不可忽视。研究对象的选择值得密切关注。大多数的研究关注大学生和小学生，相对忽视了窄式阅读对中学生的影响；又或实验对象的选取不具有代表性，应进行更多关于窄式阅读对中学生影响的研究。并且，一些实验设计存在局限性，如缺少控制班、阅读材料不适当等。由于研究范围和方法有限，窄式阅读的有效性还不能得到充分的证明，有待进行更有效和更科学的实验，进行更多深入的实证研究。因此，本研究采用定量研究方法，研究窄式阅读对高中生英语学习兴趣的影响，并为以后窄式阅读的实施建立基础。

二　研究方法论

本实验是定量研究，包括实验法和测试法，用以研究实验班和控制班结果是否存在显著性差异。本研究选取了高二两个自然班的 91 名学生为研究对象，在实验班（46 人）实施窄式阅读，控制班（45 人）采用正常教学方法，展开为期 16 周的教学实验。这两组的样本数量和性别比例几乎相等，没有太大差异。实验班学生阅读主题相关的文章，开展窄式阅读。研究者每两周为学生提供八篇关于同一主题的文章。四篇课上阅读，四篇课后阅读。并设计阅读报告课，学生每两周分享一次阅读感悟。相较之下，控制班的学生课上阅读与实验班相同的四篇文章，但文章顺序有所变化。课后，学生们阅读四篇主题不同的文章。此外，本研究使用了具有高信、效度的中文版学习兴趣量表，学生可轻松理解其含义，并对量表测量结果的信、效度予以保证。实验前后向学生分发此量表以了解学生对窄式阅读的态度。

（一）量表法

本实验采用专业的心理学量表来测试学生在窄式阅读实施前后的学习兴趣。量表引用于朱萃（2013）以情境兴趣和个体兴趣的分类为理论基础而设计的英语学习兴趣评价量表。该量表的克隆巴赫系数，即总的内部一致性信度为0.886，表明该学习兴趣量表具有较高信度。学习兴趣量表包含22个题目，分为价值、情感和行为三个维度。价值指学生能否认识到英语对种种日常生活和学习的重要性。情感指学生在英语学习过程中的感受。行为指学生主动参与英语学习活动的程度。22个题目中，题目1，2，5，6，8，12，15，16，20，21是反向赋分，学生所得的分数越高，意味着学习兴趣越低。如莱克特量表，学习兴趣量表中的每一题都有五个选项，分别为：完全反对、反对、中立、同意和完全同意。学生选择最能反映其感受的一个答案。所有选项都有相应的分数，分别为1分、2分、3分、4分和5分。所有题目的总分是学生学习兴趣的得分，分值范围在22至110。得分越高，表明高中生的英语学习兴趣水平越高。

（二）数据收集和整理

数据收集过程包括前测和后测的数据收集。实验前，研究者向实验班和控制班学生发放问卷，要求所有学生无须讨论，在十五分钟内完成问卷。回收的问卷均是有效问卷。实验结束时，再次向学生分发了同样的问卷。共46名实验班学生和45名控制班学生参加了后测，收集了91份有效问卷，有效率达到100%。研究者用SPSS25.0进行统计分析，并进行了t检验，以验证是否存在显著性差异。

三　关于窄式阅读对学习兴趣影响的研究结果与探讨

（一）实验班和控制班前测结果比较

研究采用Levene检验法和t检验，以了解实验班和控制班在前测中的差异。前测中实验班和控制班学习兴趣独立样本 t 检验的结果如表 1 所示。

表 1　　前测中实验班和控制班英语学习兴趣独立样本检验

		方差方程的 Levene 检验		均值方程的 t 检验		
		F	Sig.	t	df	Sig.（2-tailed）
学习兴趣	假设方差相等	3.454	0.066	0.214	89	0.831
	假设方差不相等			0.214	83.891	0.831
行为	假设方差相等	0.932	0.337	-0.111	89	0.912
	假设方差不相等			-0.111	87.703	0.912
情感	假设方差相等	2.528	0.115	0.821	89	0.414
	假设方差不相等			0.822	86.658	0.413
价值	假设方差相等	0.132	0.717	0.155	89	0.877
	假设方差不相等			0.155	88.893	0.877

如表 1 所述，学习兴趣量表包括三个维度。就量表的总体情况学习兴趣总分而言，$F = 3.454$，$sig. = 0.066$（$p > 0.05$），假设方差相等，$sig.$（2-tailed）$= 0.831$（$p > 0.05$），表明实验班和控制班学生的学习兴趣处于同一水平。此外，数据表明，在行为、情感和价值这三个维度上，实验班和控制班都没有很大差异。

（二）实验班与控制班后测结果比较

在实施窄式阅读教学一学期后，研究者使用学习兴趣量表研究窄式阅读对学生学习兴趣的影响，同样采用 Levene 的方差检验和 t 检验，对实验班和控制班后测中的显著性差异进行了研究，具体数值见表 2。

表 2　　后测中实验班和控制班英语学习兴趣独立样本检验

		方差方程的 Levene 检验		均值方程的 t 检验		
		F	Sig.	t	df	Sig.（2-tailed）
学习兴趣	假设方差相等	3.448	0.067	2.746	89	0.007
	假设方差不相等			2.739	84.340	0.008
行为	假设方差相等	0.014	0.907	1.681	89	0.096
	假设方差不相等			1.683	88.542	0.096
情感	假设方差相等	0.050	0.823	2.452	89	0.016
	假设方差不相等			2.451	88.378	0.016

续表

		方差方程的 Levene 检验		均值方程的 t 检验		
		F	Sig.	t	df	Sig. （2-tailed）
价值	假设方差相等	1.495	0.225	0.171	89	0.864
	假设方差不相等			0.172	87.013	0.864

如表2数据所示，关于学习兴趣总成绩，$F = 3.448$，$sig. = 0.067$（$p > 0.05$），假设方差相等，$sig.$（2-tailed）$= 0.007$（$p < 0.05$），表明实验班和控制班学习兴趣存在显著性差异。其中，关于情感维度，$F = 0.050$，$sig. = 0.823$（$p > 0.05$），假设方差相等，$sig.$（2-tailed）$= 0.016$（$p < 0.05$），表明两个班级在情感维度上存在显著性差异。对于行为维度和价值维度，数据表明两个班并无显著性差异。根据以上所述可知，实验班和控制班在后测中的学习兴趣以及情感维度方面均存在显著性差异。

（三）实验班前后测结果比较

除了对实验班和控制班学习兴趣进行横向比较外，研究者还进行了纵向比较，以分析同一班级在不同时间的学习兴趣。在实验班实施窄式阅读后，研究者对前测和后测进行了比较，以探讨窄式阅读对学习者学习兴趣的影响，结果如表3所示。

表3　　实验班英语学习兴趣前后测结果配对样本 t 检验

		配对差异			t	df	Sig. （2-tailed）
		均值	标准差	标准误差均值			
学习兴趣	前测后测	-0.63043	1.83010	0.26983	-2.336	45	0.024
行为	前测后测	-0.47826	2.88089	0.42476	-1.126	45	0.266
情感	前测后测	-0.43478	1.08837	0.16047	-2.709	45	0.010
价值	前测后测	0.28261	2.02937	0.29921	0.945	45	0.350

就学习兴趣总分而言，$t = -2.336$，$p = 0.024$（$p < 0.05$），表明学生的学习兴趣在前测和后测之间存在显著性差异。其中，就情感维度而言，$t = -2.709$，$p = 0.010$（$p < 0.05$），也表明具有显著性差异。而数据表明行为和价值维度在前后测中均没有显著性差异。

(四) 控制班前后测结果比较

作为对比，研究者在控制班实施了一个学期的日常阅读教学。因此，有必要探讨控制班学生的学习兴趣是否存在显著差异，结果如表 4 所示。

表 4 控制班英语学习兴趣前后测结果配对样本 t 检验

		配对差异			t	df	Sig. (2-tailed)
		均值	标准差	标准误差均值			
学习兴趣	前测后测	1.48889	5.40884	0.80630	1.847	44	0.072
行为	前测后测	1.24444	5.12638	0.76420	1.628	44	0.111
情感	前测后测	-0.04444	1.06506	0.15877	-0.280	44	0.781
价值	前测后测	0.28889	1.99570	0.29750	0.971	44	0.337

就总体学习兴趣而言，$t = 1.847$，$p = 0.072$（$p > 0.05$），表明前后测之间学生的学习兴趣没有显著性差异。同时，在行为、情感以及价值三个分维度上也都没有显著性差异。

综上所述，关于窄式阅读对学习兴趣的影响，横向分析和纵向分析研究都表明实验班学生的学习兴趣在前测和后测之间存在显著性差异，证明窄式阅读的实施有助于提高学生的学习兴趣。这些结果可以证实前人的研究（黄渊柏，2003；Cho et al.，2005；Kim，2015）。例如，在黄渊柏（2003）的研究中，实验班学习兴趣的平均分从 3.46 提高到 4.07（$t = 7.182$，$p < 0.05$），表明窄式阅读有助于提高学生的学习兴趣。根据 Cho et al.（2005）的研究所得，学生英语阅读兴趣从前测（$M = 3.03$，$SD = 1.01$）到后测（$M = 4.04$，$SD = 0.83$）有显著性提高（$t = 5.44$，$p < 0.005$）。根据金（Kim，2015）的实验，重复阅读组与窄式阅读组的英语阅读兴趣存在显著性差异（$p = 0.002 < 0.05$）。同时，窄式阅读的均值（$M = 3.65$）高于重复阅读组（$M = 3.22$）。

究其原因，主要归结为：第一，学生在窄式阅读的过程中获得足够的背景知识、词汇和语法结构，头脑中的先验知识由于相关知识的不断强化而激活，这可以帮助学生克服一定的阅读障碍，逐步促进阅读过程，进而能够越来越轻松准确地理解阅读材料，这有助于提高他们的学习兴趣。第二，教师为学生提供了许多根据他们的兴趣选择阅读材料的机会，学生在学习上有更大的自主性。第三，戴河清和蔡淑华（2019）认为学生是评价的参与者和合作者。课堂上应采用同伴反馈的方式，这在很大程度上可以激发学生的学习兴趣。在本实验中，教师鼓励学生在汇报课堂上分享阅读经验，与同学交流，为同学提供反馈，这有助于活跃学习氛围，提高他们的学习兴趣。

除了分析实验班和控制班的学习兴趣总分外，研究者还分析了三个不同维度的分数，以确定学生学习兴趣的显著性差异表现在哪一方面。根据独立样本 t 检验的结果，在实施窄式阅读后，实验班和控制班在情感维度上存在显著性差异，在价值和行为两个维度上无显著性差异。实验班的前测和后测中的显著性差异也体现在情感维度，而在价值和行为这两个维度没有显著性变化。这些结果与前人的研究结果一致（赵路，2008；廉红英、钱小芳，2015）。在廉红英和钱小芳（2015）进行的实验中，学生可以意识到英语阅读的重要性，对英语学习的态度更积极。在赵路（2008）的研究中，窄式阅读组学生的学习兴趣有显著的提高，特别是对阅读的信心和热情。

关于情感维度的显著性差异，表明窄式阅读有助于在一定程度上改变学生的情感和学习感受。首先，在窄式阅读的过程中，教师鼓励学生对同一主题的文章反复进行总结，为学生提供可行的建议和指导，这有助于帮助学生克服阅读障碍，缓解焦虑情绪，逐步提高学生的阅读理解能力。其次，在窄式阅读的过程中，学生积累了一些关于同一主题、同一领域的知识，在阅读中有了很好的心理准备。再次，教师鼓励学生在报告课堂上分享他们的阅读经验，并提供有效的反馈。因此，学生更渴望阅读并有一种成就感。最后，教师鼓励学生在课后自行选择阅读材料，而不是阅读试卷上的文章，进而激发了他们的学习热情和动机。

四 结语

综上所述，基于一学期的教学实验收集的数据，在实施窄式阅读后，实验班学生学习兴趣的平均分从 71.8696 提高到了 72.5000（$p = 0.024$，$p < 0.05$），并在情感维度有很大变化（$p = 0.010$，$p < 0.05$）。本实验研究证实了窄式阅读对英语学习兴趣有着积极影响，提高了高中生学习兴趣，特别是在学习兴趣的情感维度方面。

基于以上发现，本研究为教师日常阅读教学提供了实践参考及启示。窄式阅读是一种可运用于日常教学的、可行的方法，可以与正常阅读教学相结合，帮助学生解决阅读时的一些问题和困惑，增强学生的学习兴趣。在窄式阅读的过程中，阅读材料的选择十分重要。教师可以为学生提供一些原则和方法，以帮助他们独立选择合适的材料，独立阅读，扩展他们对一个领域的知识，进而激活学生的学习自主性。对于读后任务的设计，教师应强调充分输入后的输出。可以鼓励学生以多种方式输出他们所学的知识，如完成阅读日志、准备演讲汇报，并为学生提供交流的机会，帮助学生获得有效的同伴反馈，这些都有利于活跃课堂氛围，激发学生的学习兴趣。

尽管本研究获得了一些发现，但也不可避免地存在着局限性。本实验的受试者是来自具有良好教育资源的城市的高中生，不同背景的学生可能对同一种教学方法有不同的体会，应考虑到主体的地区差异，今后可选择不同教育条件的学生深入研究。而对于不同年龄的学生来说，窄式阅读是否有效也有待进一步探索。此外，本研究仅探讨了窄式阅读对学生学习兴趣的影响，将其运用于其他领域的影响有待广泛探讨。

参考文献

Cho, K.S., Ahn, K.O., and Krashen, S., 2005, The Effects of Narrow Reading of Authentic Texts on Interest and Reading Ability in English as a Foreign Language, *Reading Improvement*, 42 (1): 7.

Kang, S.J.2015.*Effects of Online Extensive and Narrow Reading on Reading Comprehension and Attitudes of Korean Middle School English Learners*, Seoul National University.

Kim, S.Y.2015.*Effects of Repeated Reading and Theme-Based Narrow Reading on Korean EFL Middle School Learners' Vocabulary Learning and Reading Comprehension*, Seoul National University.

Krashen, S.D.1981.*Second Language Acquisition and Second Language Learning*, Oxford: Pergamon Press.

Krashen, S.D.1985.*The Input Hypothesis: Issues and Implications*, CA: Laredo Publishing Company.

Krashen, S.D.2004.The Case for Narrow Reading, *Language Magazine*, 3 (5): 17-19.

Nassaji, H.2011.Issues in Second Language Reading: Implications for Acquisition and Instruction, *Reading Research Quarterly*, 46 (2): 173-184.

陈玉萍:《克拉申（Krashen）“专题阅读”理论理据探寻》,《宁夏社会科学》2011 年第 2 期。

戴河清、蔡淑华:《英语主题阅读拓展教学中学生思维品质的培养》,《教学与管理》2019年第26期。
葛炳芳:《高中英语阅读教学改进策略的思考》,《课程·教材·教法》2012年第2期。
郭戈:《西方兴趣教育思想之演进史》,《中国教育科学》2013年第1期。
黄渊柏:《主题讨论 循环阅读——一项阅读教学改革的实验》,《四川外语学院学报》2003年第3期。
李明远、彭华清:《英语阅读教学中学生学科核心素养的培养》,《教学与管理》2016年第28期。
廉红英、钱小芳:《窄式阅读对高中生阅读能力影响的实验研究》,《疯狂英语(教师版)》2015年第11期。
刘红:《高中英语阅读教学现状和改进策略》,《山东社会科学》2016年第S1期。
倪瑞芝:《专题阅读理论对高中英语教学的启示》,《福建论坛》(人文社会科学版)2011年第1期。
王洪明:《高中生英语阅读素养的构建》,《教学与管理:中学版》2017年第8期。
韦汉、章柏成:《图式理论和中国外语教学研究的回顾与前瞻》,《西安外国语学院学报》2004年第3期。
吴洪艳:《浅谈学习兴趣及其培养对策》,《教育探索》2016年第8期。
叶奕乾、祝蓓里:《心理学》,华东师范大学出版社2007年版。
赵路:《Krashen的二语习得理论与窄式阅读》,《考试周刊》2007年第24期。
支晓来:《基于输入输出理论的窄式阅读与“写长法”结合的可行性探讨——以中山学院大学英语写作教学为例》,《长春大学学报》2013年第4期。
中华人民共和国教育部:《普通高中英语课程标准》,人民教育出版社2017年版。

Effects of Narrow Reading on Senior High School Students' Learning Interest

Dai Kun, Yang Jing, Chen Yichun

Abstract: As we all know, reading, as an important input method, occupies an important position in English learning. However, there are still some problems in reading teaching, and it is urgent to explore some effective teaching methods. This research applies the narrow reading proposed by Krashen to high school reading teaching, aiming to explore the inftuence of narrow reading on high school students' learning interest. This study adopts the quasi-experimental design of the pretest and post-test control group. The experimental class carries out narrow reading and the control class employs daily teaching method. Besides, this study employs quantitative research methods, with a highly reliable English learning interest evaluation scale to investigate students' English learning interest, and uses SPSS 25.0 to analyze the data. The main findings are summarized as follows: After narrow reading, the average score of learning interest in the experimental class increased from 71.8696 to 72.5000 ($p = 0.024$, $p < 0.05$), proving that narrow reading significantly improves the high school students' English learning interest.

Key words: narrow reading; senior high school student; learning interest

《研究生英语学习焦虑量表》的编制与调查研究*

唐麦玲**

摘　要：本文采用改编的《研究生英语学习焦虑量表》对陕西省一所大学的一年级非英语专业研究生的英语学习焦虑的现状特点、来源和影响因素等进行了广泛深入的调查分析。结果发现：研究生英语学习焦虑是一种普遍现象并且焦虑程度比较严重；在研究生英语学习焦虑的四个来源中，测试焦虑水平最高；教师在研究生英语教学中扮演着很关键的角色，教师对英语教学的观念和认知影响着学生的英语学习过程与结果。本研究的调查结果有利于帮助学生缓解英语学习焦虑，增强自信心，提高他们的英语水平和能力。

关键词：研究生；英语学习焦虑；量表编制；问卷调查

一　引言

近年来，研究人员看到了外语学习焦虑的单维度的局限性而建立了各种不同的多维度模型，如 Horwitz 等人于 1986 年开发的三维度模型，包括交流焦虑、考试焦虑和负评价恐惧（Horwitz et al.，1986：125），并且他们还开发了外语课堂焦虑量表（Foreign Language Classroom Anxiety Scale，FLCAS），该量表为自陈式量表，包含 33 个题项。然而，Young（1991）确定了潜在的六个相互关联的外语学习焦虑来源，这些来源有三个方面：学习者（个人和人际焦虑以及学习者对语言的看法）、教师（教师对语言教学的观念和教师—学习者的互动）和教学实践（课堂程序和

* 本文系陕西省教育科学“十三五”规划课题项目“对大学生外语学习情感因素——焦虑的教学干预策略研究”（SGH18H047）的阶段性成果。

** 作者简介：唐麦玲（1974—　），女，陕西师范大学外国语学院副教授，研究方向：英语教学心理学。

语言测试）。然后，MacIntyre and Gardner（1994a）提出了外语学习过程中的焦虑三阶段模型（3-Stage Model of Anxiety）：输入、加工和输出，并根据此模型开发了一系列量表。

尽管外语学习焦虑对学生的学习行为和身心健康造成负面影响的这一观点已得到普遍认可和关注（Aida，1994；Cheng et al.，1999；Horwitz 2001；郭燕、徐锦芬，2014；李航、刘儒德，2013；MacIntyre and Gardner，1989；Spielman and Radnofsky，2001；谢虹，2018；张家强、郭丽，2018；郑群、徐莹，2020），但在当今价值多元、信息丰富、压力巨大的时代背景下，中国高校中许多研究生仍存在外语学习焦虑的问题，并且在较长一段时间内受到这一问题的困扰。殷红梅等（2012）通过问卷调查发现，中国高校的研究生中，具有中、高度焦虑感的研究生所占比重大于70%，即有三分之二以上的研究生遭受中、高度的英语学习焦虑的困扰。这些数据表明，中国研究生的英语学习焦虑现象比较普遍（朱莉、胡苏阳，2013），这不仅阻碍了他们学习英语的动力，使其学习英语的积极性与兴趣日益下降，而且可能严重影响他们的英语学习成绩和表现，更甚者可能危害他们的心理健康。MacIntyre and Gardner（1991：112）将焦虑的外语学习者描述为“将学习外语视为一种不舒服的经历，不愿参与活动，担心犯错误，不愿意尝试不确定或新的语言形式”。如果学生不克服外语学习焦虑的困境，不仅会造成他们难以完成学习任务，而且会对其自身的成才与今后的发展造成极大的影响。因此，帮助学生缓解外语学习焦虑，增强自信心，提高他们的外语水平已经成为当前外语教育和教学工作者刻不容缓的任务，也是研究生教育发展的客观现实需要。

综上所述，外语学习焦虑对学生的负面影响作用促使研究人员思考以下问题：①研究生英语学习焦虑的现状特点如何？②引发他们产生负面焦虑情绪的主要因素有哪些？③怎样能够有效地缓解他们的负面焦虑情绪？

二　研究方法

（一）研究对象

本研究对象为陕西省一所师范大学的非英语专业的一年级研究生（以下简称“研究生”），随机选取了7个班306名学生，分别来自3个文科班和4个理科班。文科专业分别有文学、历史和政治，理科专业有物理、化学和数学。共发出问卷330份，收集有效问卷306份，有效回收率为92.7%。参与本研究的学生按性别划分，男生人数为119人，占38.9%；女生人数为187人，占61.1%。按文、理科专业划分，文科生人数为83人，占27.1%；理科生人数为223人，占72.9%。

（二）研究工具

本研究采用的调查问卷是根据Horwitz et al.（1986）开发的FLCAS改编的《研究生英语学习焦虑量表》。本研究对样本数据进行了探索性因素分析。分析结果发现，特征值大于1的因子有四个：交流焦虑、测试焦虑、负评价焦虑和对英语课的焦虑。因此，改编的量表共有四个维度，25个题项。每个题后设有五个选项，表示：A. 完全不同意；B. 部分不同意；C. 不能确定；D. 部分同意；E. 完全同意。采用了从"1=完全不同意"到"5=完全同意"的Likert五级量表形式。理论上，量表的总分数介于25—125之间，得分越高表明研究生的英语学习焦虑程度越高，反之亦然。

本研究对改编的量表进行了信度检验（$N=163$）。检验结果表明（见表1），总量表的内部一致性系数Cronbach's α为0.863，表明总量表可信度非常好。分量表各因子的内部一致性系数α均在0.7以上，具有良好的可信度：因子1（简称"F1"）交流焦虑的内部一致性系数α为0.823、因子2（F2）测试焦虑的内部一致性系数α为0.759，因子3（F3）负评价焦虑的内部一致性系数α为0.778，因子4（F4）对英语课的焦虑的内部一致性系数α为0.742。然后，本研究对40名被试时隔6周后进行重测，回收问卷40份，结果表明，总量表的内部一致性系数Cronbach's α为0.849，表明总量表可信度非常好。分量表各因子的内部一致性系数α均在0.6以上，四个因子的重测信度系数α分别为0.769、0.663、0.672、0.684，说明该问卷具有较好的稳定性。

表1　　英语学习焦虑量表的内部一致性系数和稳定性系数

变量	内部一致性系数（α）（$N=163$）	稳定性系数（$N=40$）
F1：交流焦虑	0.823	0.769
F2：测试焦虑	0.759	0.663
F3：负评价焦虑	0.778	0.672
F4：对英语课的焦虑	0.742	0.684
总量表	0.863	0.849

（三）研究程序

本研究的问卷调查是在各班英语老师的协助下，并征得学生知情同意后，用纸质问卷对学生进行的集中测试。完成调查问卷大约需要 15 分钟的时间，测试前研究人员对学生进行了简短的有关问卷答题的说明，调查完成后当场收回问卷，并使用社会科学统计软件 SPSS23.0 对问卷调查的数据进行统计分析处理。首先，对统计数据进行了描述性统计分析，以确定学生的英语焦虑水平，然后分析了《研究生英语学习焦虑量表》的各个题项的频率、百分比、平均值和标准差等。本研究的目的是了解《研究生英语学习焦虑量表》的各个题项的焦虑水平和现状特点等。

三 结果与分析

本研究对《研究生英语学习焦虑量表》各题项的描述性统计分析结果见表 2，其中统计了研究生对英语学习焦虑的四个维度——交流焦虑、测试焦虑、负评价焦虑和对英语课的焦虑共 25 个题项的回答。每个题项后设有五个选项，A 表示“完全不同意”；B 表示“部分不同意”；C 表示“不能确定”；D 表示“部分同意”；E 表示“完全同意”。并且提供了该量表的因子负荷大于 0.40 的 25 个题项的频率、百分比以及平均值（M）和标准差（SD），f 表示频率，%表示百分比。

如表 2 所示，在交流焦虑中，研究生焦虑程度最高的是第 9 项“英语课堂上，当我在没有准备的情况下不得不说英语时，我感到恐慌”（M = 3.54，SD = 1.288），其中，有 15.4%的学生表示“完全同意”，有 36.9%的学生表示“部分同意”。因此，有 52.3%的学生在没有准备的情况下在英语课堂上说英语时会感到焦虑。其次是第 15 项“当不理解老师正在纠正的内容时，我会感到不安”（M = 3.33，SD = 1.190），有 43.2%的学生在不理解老师正在纠正的内容时会感到焦虑。再次是第 20 项“在英语课堂上当我被点名时，我可以感到我的心跳”（M = 3.28，SD = 1.349），有 37.3%的学生在英语课堂上被点名时会感到焦虑。又次是第 13 项“在英语课堂上要求主动回答问题使我感到为难”（M = 3.24，SD = 1.297），有 42.1%的学生在英语课堂上被要求主动回答问题时会感到焦虑。最后，研究生焦虑程度最低的是第 3 项“在英语课堂上，当我知道将要被要求发言时我就害怕得发抖”（M = 2.59，SD = 1.357），有 31.4%的学生在英语课堂上被要求发言时会感到非常焦虑。

在测试焦虑中，研究生焦虑程度最高的是第 10 项“我担心我的英语期末考试不及格所带来的不良后果和影响”（M=3.80，SD=1.459），有 57.9%的学生会对英语课不及格所造成的后果感到忧虑；其次是第 7 项“我一直认为其他同学英语学得比我好”（M=3.29，SD=1.359），其中，有 46.4%的学生担心其他同学英语学得比自己好；再次是第 23 项“我总是觉得其他同学英语说得比我好”（M=3.24，SD=1.324），有 44.4%的学生担心其他同学英语说得比自己好。因此，担心学习同伴在日常学习和测试中的相互竞争也是学生产生焦虑的原因之一。研究生的测试焦虑程度相对较低的是第 8 项“在英语测试中，我经常都表现得很放松”（M=3.51，SD=1.267），其中，有 32.4%的研究生在英语测试中会感到焦虑。

在负评价焦虑方面，研究生焦虑程度最高的是第 2 项“在英语课堂上，我不担心犯错误”（M=3.40，SD=1.318），其中，有 38.8%的学生因为担心在课堂上犯错误而焦虑；第 14 项“和英语是母语的人交流时，我不会感到紧张”和第 32 项“在英语课堂上做演示和报告时，我一点儿也不紧张”是调查学生用英语交流时的负评价焦虑程度，其中，完全不会感到紧张的学生只有 15.0%（M=3.63，SD=1.266），而感到放松的学生有 17.0%（M=3.49，SD=1.241），因此，从这两个题项可以看出，大部分学生在与英语是母语的人交流时会引起焦虑紧张的情绪。中国学生的爱面子，担心出错时引起别人的嘲笑和负评价也是学生焦虑的主要原因之一。第 18 项“当我在课堂上讲英语时，我很自信”（M=3.33，SD=1.275），只有 15.7%的学生在课堂上讲英语时很自信，而 31.7%的学生会感到焦虑。焦虑程度相对较低的是第 31 项“当我说英语时，我担心班上其他学生讥笑我”（M=2.76，SD=1.365），有 29.7%的学生说英语时会担心班上其他同学讥笑自己。

在对英语课的焦虑方面，研究生表现出焦虑程度最高的是第 6 项“上英语课期间，我发现自己在思考一些和课程无关的事情”（M=3.10，SD=1.312），有 43.1%的学生会思考一些和课程无关的事情。其次，第 25 项“英语课进行得很快，我担心跟不上”（M=3.00，SD=1.342），有 38.9%的学生对英语课会感到焦虑。接着是第 4 项“上更多的英语课根本不会使我感到烦恼”（M=3.30，SD=1.350），有 36.0%的学生因为上更多的英语课会感到焦虑。然后是第 26 项“和其他课程相比较，在英语课上我感到更紧张不安”（M=2.87，SD=1.371），有 30.4%的学生在英语课

表 2　《研究生英语学习焦虑量表》各题项的描述性统计结果

因子	问卷题项	A (f/%)	B (f/%)	C (f/%)	D (f/%)	E (f/%)	M	SD
交流焦虑	1. 当我在课堂上说英语时，我对自己从来都没有把握。	49/16.0	85/27.8	45/14.7	94/30.7	33/10.8	3.04	1.323
	3. 在英语课堂上，当我知道将要被要求发言时我就害怕得发抖。	65/21.2	99/32.4	46/15.0	73/23.9	23/7.5	2.59	1.357
	5. 当我不理解老师用英语说的内容时我就紧张害怕。	53/17.3	91/29.7	66/21.6	78/25.5	18/5.9	2.68	1.261
	9. 英语课堂上，当我在没有准备的情况下不得不说英语时，我感到恐慌。	28/9.2	74/24.2	44/14.4	113/36.9	47/15.4	3.54	1.288
	12. 在英语课堂上我会变得很紧张以至于想不起我知道的东西。	50/16.3	93/30.4	44/14.4	90/29.4	29/9.5	2.98	1.320
	13. 在英语课堂上要求主动回答问题使我感到为难。	40/13.1	89/29.1	48/15.7	91/29.7	38/12.4	3.24	1.297
	15. 当不理解老师正在纠正的内容时，我会感到不安。	34/11.1	89/29.1	51/16.7	103/33.7	29/9.5	3.33	1.190
	20. 在英语课堂上当我被点名时，我可以感到我的心跳。	57/18.6	85/27.8	50/16.3	78/25.5	36/11.8	3.28	1.349
	24. 在其他同学面前说英语，我感到非常不自然。	41/13.4	92/30.1	49/16.0	97/31.7	27/8.8	3.09	1.314
	27. 当我在课堂上讲英语时，我会变得紧张和思想混乱。	66/21.6	95/31.0	52/17.0	17/5.6	76/24.8	2.93	1.296

续表

因子	问卷题项	A（f /%）	B（f /%）	C（f /%）	D（f /%）	E（f /%）	M	SD
测试焦虑	7. 我一直认为其他同学英语学得比我好。	40/13. 1	65/21. 2	59/19. 3	96/31. 4	46/15. 0	3. 29	1. 359
	8. 在英语测试中，我经常都表现得很放松。	22/7. 2	77/25. 2	73/23. 9	97/31. 7	37/12. 1	3. 51	1. 267
	10. 我担心我的英语期末考试不及格所带来的不良后果和影响。	35/11. 4	63/20. 6	31/10. 1	84/27. 5	93/30. 4	3. 80	1. 459
	23. 我总是觉得其他同学英语说得比我好。	38/12. 4	75/24. 5	57/18. 6	90/29. 4	46/15. 0	3. 24	1. 324
负评价焦虑	2. 在英语课堂上，我不担心犯错误。	39/12. 7	80/26. 1	50/16. 3	97/31. 7	40/13. 1	3. 40	1. 318
	14. 和英语是母语的人交流时，我不会感到紧张。	29/9. 5	72/23. 5	61/19. 9	98/32. 0	46/15. 0	3. 63	1. 266
	18. 当我在课堂上讲英语时，我很自信。	18/5. 9	79/25. 8	51/16. 7	110/35. 9	48/15. 7	3. 33	1. 275
	31. 当我说英语时，我担心班上其他学生讥笑我。	70/22. 9	95/31. 0	50/16. 3	67/21. 9	24/7. 8	2. 76	1. 365
	32. 在英语课堂上做演示和报告时，我一点儿也不紧张。	15/4. 9	59/19. 3	89/29. 1	91/29. 7	52/17. 0	3. 49	1. 241
对英语课的焦虑	4. 上更多的英语课根本不会使我感到烦恼。	40/13. 1	70/22. 9	56/18. 3	79/25. 8	61/19. 9	3. 30	1. 350
	6. 上英语课期间，我发现自己在思考一些和课程无关的事情。	38/12. 4	77/25. 2	59/19. 3	109/35. 6	23/7. 5	3. 10	1. 312
	17. 我经常不想去上英语课。	92/30. 1	74/24. 2	61/19. 9	46/15. 0	33/10. 8	2. 47	1. 450
	25. 英语课进行得很快，我担心跟不上。	55/18. 0	77/25. 2	55/18. 0	90/29. 4	29/9. 5	3. 00	1. 342
	26. 和其他课程相比较，在英语课上我感到更紧张不安。	52/17. 0	95/31. 0	66/21. 6	70/22. 9	23/7. 5	2. 87	1. 371
	28. 在去上英语课的路上，我感到非常自信和放松。	40/13. 1	82/26. 8	72/23. 5	89/29. 1	23/7. 5	3. 14	1. 290

注：1. A 表示“完全不同意”；B 表示“部分不同意”；C 表示“不能确定”；D. 表示“部分同意”；E. 表示“完全同意”。

2. f 表示实际频数;%表示百分比。

上会感到紧张焦虑。即使是对英语课的焦虑程度表现最低的第 17 项“我经常不想去上英语课”（M = 2.47，SD = 1.450），也有 25.8%的学生会因为焦虑而不想去上英语课。因此，大约有三分之一的学生都有不同程度的对英语课的焦虑，这一结论也反映在第 28 项“在去上英语课的路上，我感到非常自信和放松”（M = 3.14，SD = 1.290），只有 7.5%的学生在去上英语课的路上会感到非常自信和放松，而 39.9%的学生会感到不自信和焦虑。

四 讨论

首先，调查结果发现，在交流焦虑中，有一半以上（52.3%）的研究生在没有准备的情况下用英语交流时会感到焦虑。交流焦虑水平最低的是第 3 项“在英语课堂上，当我知道将要被要求发言时我就害怕得发抖”，但仍有三分之一左右（31.4%）的研究生在英语课堂上被要求发言时会感到非常焦虑。这可能是因为受中国传统文化的影响，中国学生普遍比较“爱面子”，做事喜欢低调、内敛和谦虚等。在中国的英语课堂上，大多数学生不愿主动发言，一方面是因为他们害怕被同伴评价为爱出风头、喜欢张扬等；另一方面是因为他们担心发言出错时会招致其他同学的嘲笑和负面评价。MacIntyre and Gardner（1994a，1994b）认为，说英语比写英语可能会更强烈地引起焦虑。用外语公开发言对许多学生来说尤其令人焦虑，甚至那些在语言学习的其他方面感到压力很小的学生也是如此（Horwitz，1995）。

其次，在测试焦虑中，焦虑程度最高的题项是有一半多（57.9%）的研究生会对英语课不及格所造成的后果感到焦虑，而测试焦虑程度最低的是有近三分之一（32.4%）的学生在英语测试中会感到焦虑。这一发现与尹锡荣等（2012）对研究生英语学习焦虑的调查结果几乎一致，他们的报告中有 43%的研究生承认在英语考试中感到紧张焦虑。这说明无论是测试过程本身还是测试结果所带来的不良影响都对相当多的研究生造成了紧张不安的情绪。一方面，测试焦虑是“一种源于对失败的恐惧的表现焦虑”（Horwitz et al.，1986：127），测试焦虑的学生对自己的要求往往高于他们能够实现的目标并且经常担心自己的表现。所以，引导学生制订合理的学习目标，避免过高的学习期望可以有效缓解他们的测试焦虑。另一方面，高度焦虑的学生“有更多的困难”表现他们所掌握的知识（MacIntyre and Gardner，1994b：301）。因为焦虑可能会干扰学生表现自己知道的知识总量的能力。

再次，在负评价焦虑方面，焦虑程度最高的是有三分之一多（38.8%）的研究生因为担心在课堂上犯错误而焦虑，焦虑程度最低的是有29.7%的研究生说英语时会担心班上其他同学的讥笑。如上所述，受中国传统文化影响，中国学生“讲面子”、自尊心强。负评价焦虑的学生对他人的评价有畏惧感，他们很容易产生其他人要对自己做出负评价的预期心理，尤其是他人的负评价很容易使他们产生沮丧心理和逃避行为。因为负评价焦虑的学生过于关注他人对自己的看法，他们便可能想方设法使可能出现的不利评价因素降低到最低程度。同时，他们担心自己在说英语时如果发音不准确或者表达不流利，会遭到老师的批评或同学们的嘲笑。

最后，在对英语课的焦虑方面，焦虑程度最高的是有43.1%的研究生在英语课上会思考一些和课程无关的事情，焦虑程度最低的是有大约四分之一（25.8%）的研究生会因为焦虑而不想去上英语课。尹锡荣等（2012）的研究结果也发现，研究生英语学习中普遍存在焦虑现象，58%的学生承认他们在英语课堂上感到不同程度的紧张、焦虑，尤其在回答教师问题时。同时，有研究调查发现，中国大学生大约有三分之一的被试在英语课上感到焦虑（Liu and Jackson，2008）。这说明本科生和研究生对英语课的焦虑程度都是相当高的。在对英语课的焦虑方面，有将近一半的研究生上英语课期间会思考一些和课程无关的事情。虽然其背后的原因较复杂，但主要的原因在于课堂学习的枯燥和学生参与课堂活动的积极性不高。

总之，此次调查中被试经历的交流焦虑和测试焦虑尤为突出。在反映英语学习焦虑的25个题项中，每个题项至少有四分之一的学生会感到焦虑，这个结论和先前的研究结果（Horwitz et al.，1986；Horwitz，2001；殷红梅等，2012；朱莉、胡苏阳，2013）几乎一致。多年来，研究生英语教学以传统的教学模式为主，在英语课堂上，教师在教学过程中占主导地位，学生们则是被动地接受知识。师生将大部分时间精力花费在理解和记忆词汇、讲解语法和阅读技巧训练等方面，其结果是一些学生学了很多年的英语之后发现，虽然在英语书面考试中能获得高分，但英语交际能力较差。而且，中国研究生学习英语缺乏真实的语境，即使掌握了大量的书面语言和语法知识，但平时除了应付考试之外几乎没有实践应用的机会，久而久之便对学习英语失去了兴趣和信心。

五 结论

通过问卷调查的定量研究，本文得到以下主要结论。

首先，研究生英语学习焦虑是一种普遍现象并且焦虑程度比较严重。长期以来，英语作为中国研究生主要学习的一门外语，无论是作为交流工具还是考核内容等，其重要性都不言而喻。并且，随着全球化和信息化时代的来临，掌握好英语显得尤为重要。因此，目前亟须教育工作者探索有针对性的缓解英语学习焦虑的有效策略，以帮助研究生解决在英语学习中的心理障碍和困扰。

其次，研究生英语学习焦虑的四种来源中，测试焦虑水平最高。即研究生英语学习焦虑情绪的首要来源是在考试情境下，这可能与研究生英语水平评价的机制有关。虽然考试只是一种检查学生学习成绩的手段，但学生往往把它看成是一种威胁，一种令人望而生畏的考验。因为一些学生在过去的考试中经历了过多的失败，而且，长期以来，英语教学考核过度地关注考试分数和名次，导致学生的考试意识的认识增强，从而可能形成考试焦虑。而且，目前研究生英语学习水平的考查评价手段单一，主要基于书面试卷考查形式。因此，如何建立多元化的英语水平评价方法和手段是英语教学工作者亟须解决的问题。

最后，教师在研究生英语教学中扮演着关键性的角色。教师对英语教学的观念和认知影响着学生的英语学习过程与结果。教师的课堂行为和态度若不引起重视并加以适当调整，则很容易造成学生的过分紧张，从而影响他们积极参与课堂教学的热情。因此，教师在研究生英语教学中应该不断地改进教学方法，为学生创造一种轻松愉悦的学习氛围，鼓励学生积极参与教学活动，引导他们克服紧张恐惧心理，不断增强他们的自信心和成就感，从而使他们积极大胆地表现自我，主动获取知识，不断提高英语水平。

参考文献

Aida, Y., 1994, Examination of Horwitz, Horwitz, and Cope's Construct of Foreign Language Anxiety: The Case of Students of Japanese, *The Modern Language Journal*, 78 (2): 155-168.

Cheng, Y., E.K.Horwitz and D.L.Schallert.1999.Language Anxiety: Differentiating Writing and Speaking Components.*Language Learning* 49 (3): 417-446.

Horwitz, E.K.1995.Student Affective Reactions and the Teaching and Learning of Foreign Languages.*Journal of Educational Research* 23: 569-652.

Horwitz, E.K.2001.Language Anxiety and Achievement.*Annual Review of Applied Linguistics* 21: 112-126.

Horwitz, E.K., M.B.Horwitz and J.A.Cope.1986.Foreign Language Classroom Anxiety.*The Modern Language Journal* 70: 125-132.

Liu, M., and J.Jackson.2008.An Exploration of Chinese EFL learners' Unwillingness to Communicate and Foreign Language Anxiety.*The Modern Language Journal* 92: 71-86.

MacIntyre, P.D. and R.C.Gardner.1989.Anxiety and Second Language Learning: Toward Theoretical Clarification.*Language Learning* 39: 251-275.

MacIntyre, P.D.and R.C.Gardner.1991.Investigating Language Class Anxiety Using the Focused Essay Technique.*The Modern Language Journal* 75: 296-304.

MacIntyre, P.D.and R.C.Gardner.1994a.The Effects of Induced Anxiety on Cognitive Processing in Second Language Learning.*Studies in Second Language Acquisition* 16: 1-17.

MacIntyre, P.D.and R.C.Gardner.1994b.The Subtle Effects of Language Anxiety on Cognitive Processing in the Second Language.*Language Learning* 44 (2): 283-306.

Spielman, G.and M.Radnofsky.2001.Learning Language under Tension: New Directions from a Qualitative Study.*The Modern Language Journal* 85 (2): 259-278.

郭燕、徐锦芬:《非英语专业大学生英语学习焦虑多维度研究》,《外语界》2014 年第 4 期。

李航、刘儒德:《大学生外语写作焦虑与写作自我效能感的关系及其对写作成绩的预测》,《外语研究》2013 年第 2 期。

王璐:《非英语专业大学生外语学习焦虑实证研究》,《外语翻译》2016 年第 8 期。

谢虹:《大学英语分层教学对学生英语学习焦虑源的初探》,《江苏外语教学研究》2018 年第 2 期。

殷红梅、王颖、刘开泰:《非英语专业硕士研究生英语学习焦虑状况调查》,《中国公共卫生》2012 年第 6 期。

尹锡荣、施昌霞、罗欣蓓:《非英语专业研究生英语学习中的焦虑及原因》,《安徽工业大学学报》(社会科学版)2012 年第 4 期。

张家强、郭丽:《本科生课堂焦虑研究:外语课堂焦虑量表(FLCAS)的信效度再检验》,《华北理工大学学报》(社会科学版)2018 年第 1 期。

郑群、徐莹:《多模态呈现方式对英语词汇学习焦虑的影响研究》,《西安外国语大学学报》2020 年第 2 期。

朱莉、胡苏阳：《中国非英语专业研究生英语学习焦虑的调查研究》，《疯狂英语教师版》2013 年第 4 期。

A Study on the Adaptation and Investigation of Graduate Students' English Learning Anxiety Scale

Tang Mailing

Abstract: This article employed the adapted "Graduate Students' English Learning Anxiety Scale" to conduct an extensive and in-depth investigation and analysis of the characteristics, sources and influencing factors of English learning anxiety of first-year non-English major graduate students at a university in Shaanxi, China. The findings indicated that graduate students' English learning anxiety was a common phenomenon and their English learning anxiety was relatively serious; among the four sources of graduate students' English learning anxiety, the level of test anxiety was the highest; teachers played a key role in graduate students' English learning. The teaching concept and cognition of teachers affected the process and results of students' English learning. The findings of this study help graduate students relieve English learning anxiety, enhance their self-confidence and improve their English proficiency.

Key words: Graduate students; English learning anxiety; Scale adaptation; Questionnaire survey